창백한 지구를 위한 시

창백한 지구를 위한 시

지구를 생각하는 시인들의 시와 산문

이문재 전동균 주창윤 정끝별 나희덕 문태준 장철문 손택수 이재훈 신혜정 이혜미
신미나 김연덕 정다연 김창균 김남극 우은주 권현형 이동욱 조온윤 길상호 권대웅

마음의숲

자연은 인간과 공존하는 삶의 동반자이다.
우리는 그저 잠시 빌려 쓰는 존재일 뿐,
다음 세대를 위해 되돌려줘야 할 책임이 있다.
이제는 귀 기울여야 할 때다.
땅과 바람, 물과 생명의 목소리에.

스물두 명 시인이,
마음을 모아

◊◊◊ 들어가는 말

초록별에 살기 위하여

1990년 2월 14일 우주탐사선 보이저 1호(Voyager 1)는 태양계 가장자리를 지나며 지구를 촬영한 사진을 보냈다. 지구는 단지 0.15픽셀 크기에 불과했고 태양 빛의 흩어짐으로 생긴 광선 한가운데 작은 점처럼 보였다. 칼 세이건은 지구를 '창백한 푸른 점(Pale Blue Dot)'이라고 불렀다.

'창백한 푸른 점'은 우리에게 지구에 대한 깊은 철학적 윤리적 성찰을 이끈다. 그 의미를 단순하게 말할 수는 없겠지만, 우리는 우주의 한 점에 불과하며 이 한 점에서 역사, 종교, 문명을 만들어왔다는 것이다. 칼 세이건은 '창백한 푸른 점'을 더 자비롭고 소중히 생각해야 한다고 말하고 싶었을 것이다.

우리가 살아가는 이 빛나는 푸른 별에는 숲과 바다와 강물, 수없이 아름다운 꽃들과 나무, 1,000만 종이 넘는 생물들이 살고 있다. 우리가 사랑하는 모든 벗의 고향이기도 하다. 그러나 이 아름다운 푸른 별의 경이로움이 사라지고 있다. 말 그대로 푸른 별은 창백해져 있다.

거대한 산림파괴, 사라지는 곤충과 야생동물들, 유독성 대기오염, 해양산성화로 단말마의 고통에 몸부림치고 있다. 더 이상 올라가서는 안 될 지구 온도의 임계점 1.5도가 2024년 이미 넘었으며 온난화로 인한 산불, 폭염, 폭우, 폭설로 환경은 파괴되고 있지만 사람들은 살아가는 방법에만 관심이 있지 지구의 위기에는 귀 기울이지 않는다. 사람들은 정치적으로 옳고 그름에 분개하지만, 기후의 경고에는 목소리를 높이지 않고 있다.

환경운동가 그레타 툰베리는 말한다. "당신들은 자녀를 사랑한다고 말하지만, 오히려 그들의 미래를 망쳐놓고 있다. 미래의 세대들은 물을 것이다. 지구를 위해 행동할 수 있는 그때 왜 당신들은 아무것도 하지 않았냐고."

《창백한 지구를 위한 시》는 스물두 명의 시인이 자연과 환경 위기에 대해 처음으로 목소리를 내는 책이다. 예로부터 시인들은 자연에 영감을 받고 교감하며 노래해 왔다. 풀과 풀벌레, 하늘과 구름, 꽃, 바람, 맑은 공기……. 시인들은 자연이 주는 경이로움을 시로 써왔다. 자연이 주는 영혼의 목소리를 듣고자 했다. 이 책에 실린 자연, 생명, 인류, 지구의 오늘과 내일을 생각하는 신작시와 산문은 더 이상 지켜보기에는 너무 미안하고, 죄송스러운 땅의 신음, 하늘의 분노, 수많은 생명의 눈물을 위한 간절한 기도이자 고해성사다.

시인들의 목소리는 다양하지만 한결같다. 시인들은 인간이 망쳐놓은 지구환경에 대한 죄책감을 통감하면서 파괴된 자연과 환경을 비판적으로 담아낸다. 먼발치에서 바라보는 감상으로서의 자연이 아니라 우리 삶의 원천으로 생태적인 관점에서 현재의 비극적 상황을 서글프게 노래한다. 무분별한 자원의 활용이 만들어낸 시장 전체주의나 소비주의가 어떻게 미래에 대한 '생명의 수명'을 단축하는지를 고발하고, 미니멀리스트로서의 삶이나 '비움'의 실천을 제안한다.

시인들은 자연과 환경이 인간의 소유물이 아니라는 점도 설득력 있게 말한다. 억새와 덤불이 서리에 덮여있는 겨울 묵정밭을 보면서 자연의 일부로 돌아가는 늙은 농부를 떠올리거나, 반딧불이가 모두 사라진다면 우리는 어둠 속에서 깨어나지 못할 것이라고 아쉬워한다. 불의 시간이 그치지 않고 있어서 여름이 영원히 지속되고 있음을 경고하기도 한다. 한 시인이 썼듯이, 시의 저작권이 있다면 그것은 구름과 나무와 노을 같은 자연에 있다는 것은 말할 필요도 없다.

　어느 시인은 물구나무종으로서 인간을 꿈꾸기도 한다. 물구나무종은 땅속의 다른 존재들과 연결되어 있는 공동체적 존재를 의미하는데, 우리가 뿌리를 내려야 하는 땅은 너무 심하게 훼손되고 오염되어 있다. 인간이 숲을 생각하는 것이 아니라 숲이 인간을 생각하는 시선의 전환은 얼마나 필요한가? 비인간의 관점에서 인간을 바라보는 것은 거대한 바깥의 사랑이기도 하다.

　인간이 자연과 환경을 파괴하기 시작한 것은 그리 오래전이 아니다. 기껏해야 200년 정도 넘은 짧은 시간에 인간은 아름다운 푸른 별을 창백한 푸른 점으로 만들었다. 근대 사회 이후 인간의 욕망은 자연을 있는 그대로의 상태가 아니라 착취하고 소유해야 할 대상으로 간주해 왔다. 자연, 환경 더 큰 의미로 지구의 저작권이 인간에게 있는 것이 아님에도 말이다.

스물두 명의 시인은 인간이 망쳐놓은 지구환경에 대한 죄책감을 통감하며 지금이라도 다시 지구를 되살리는 일에 동참하고자 한다. 《창백한 지구를 위한 시》는 다시 우주에 푸른 점을 찍고 싶어 한다. 그것은 숲속의 반딧불이가 내는 빛처럼 작고 희미할지라도 우리가 지키고 돌아가야 할 원초적 빛이며 생명이다.

차례

들어가는 말 —— 초록별에 살기 위하여 7

이문재 18
- 밤의 각오 – 지구의 불을 끄기 위한 소극적인 캠페인 19
  - '노후화 기술'이라는 신기술 21

전동균 26
- 이 작은 별에는 27
  - 이 작은 별에서 29

주창윤 36
- 문득, 바이러스가 성자라는 생각이 들었다 37
  - 거대한 바깥의 사랑 42

정끝별 48
- 조나단 리빙스턴 시걸의 후예 49
  - 소소익선에 우리 공통의 미래가 51

나희덕 58
- 물구나무종에게 59
  - 물구나무종이 된다는 것 62

문태준 70
- 그러할 리는 없겠지만 만약에 71
  - 자연의 시간 72

장철문 76
- 달에 간 손 77
  - 나물 캐러 산에 가지 않는다 78

손택수 86
- 내 시의 저작권에 대해 말씀드리자면 87
  - 1.55℃의 텐트와 부채 89

이재훈 96
- 마그마 97
  - 이상기후 신기록 제조의 시대 100

신혜정 104
- 붉은 꽃이 있는 정물 – 반 고흐의 수채화 풍으로 105
  - 어쩌면, 오늘은. 107

이혜미 112
- 무한한 여름과 재의 사계 113
  - 계절이라는 사치 115

신미나 122
- 앵무새에게 말을 배우는 원숭이1 123
  - 서울 벚나무에서 히로시마 단풍까지 – 료타에게 124

김연덕 134
- glass heart 135
  - 안티 플라스틱 시 138

정다연 144
- 여름 대삼각형 – 세 개의 별 145
  - 여름과 가을에 죽은 나무 148

김창균 154
- 수족관, 아수라 155
  - 도루묵 없는 도루묵 축제 157

김남극 162
- 봄, 킬링 필드 163
  - 지구의 소리를 들으며 묵상하는 밤 165

우은주 172
- 물고기 유령 173
  - 미세먼지는 가난을 따라 돈다 175

권현형 184
- 영원이라는 예쁜 말의 쓸모 185
  - 인간을 깊이 지탱하는 것, 자연스러운 모든 것 188

이동욱 196
- 날씨의 측근 197
  - 우리 내일 봐요 199

조온윤 206
- 산성비 미래 207
  - 태초부터 미래까지 210

길상호 218
- 못다 한 말이 있어서 219
  - 잃어버린 감각 220

권대웅 226
- 고래가 운다 227
  - 89년 만의 폭염과 200년 만의 폭우와 117년 만의 폭설 230

이문재 전동균 주창윤 정끝별 나희덕 문태준 장철문 손택수
이재훈 신혜정 이혜미 신미나 김연덕 정다연 김창균 김남극
우은주 권현형 이동욱 조온윤 길상호 권대웅

이 문 재

———————— Lee Moon-jae

1982년 《시운동》을 통해 작품활동 시작. 시집으로 《내 젖은 구두 벗어 해에게 보여줄 때》《산책시편》《제국 호텔》《지금 여기가 맨 앞》《혼자의 넓이》 등이 있으며 엮은 시집으로 《당신의 그림자 안에서 빛나게 하소서》 등이 있다.
김달진문학상, 소월시문학상, 노작문학상, 정지용문학상 등을 수상했다. 현재 계간 《녹색평론》 편집자문위원이며 '60+기후행동'과 '오대산지구시민작가 포럼' 등에서 활동하고 있다.

밤의 각오
- 지구의 불을 끄기 위한 소극적인 캠페인

잠 오지 않는 밤
밤을 도둑맞은 것 같아
두 눈 감고 다짐한다
일하기 위해 잠들지 않겠다

밤새 뒤척이다 맞이한 늦은 아침
더 무거워진 몸에게 말한다
일을 더 하기 위해 쉬러 가지 않겠다

왼손으로 꾹꾹 눌러 쓴다
달게 잠들기 위해 일을 줄이자
휴식다운 휴식 놀이다운 놀이를 위해
쉬는 법 노는 법 제대로 배우자

남들이 아니라 나를 위해 일하자
벌기 위해 살지 말고 살기 위해 벌자

기도처럼 주문처럼 외우자

문 앞뒤에다 비문처럼 새겨놓자
나를 위해 하는 일 나를 위해 사는 삶이
누군가에게 선물이 되어야 한다

그렇다
우리가 잠을 푹 자야
세상 모든 밤이 어두워질 것이다
우리가 우리 자신을 위해 일해야
세상의 모든 아침이 맑고 향기로울 것이다

'노후화 기술'이라는
신기술

시골집에 전기가 처음 들어오던 날의 충격을 잊지 못한다. 30촉이 되지 않았을 백열전구 하나가 집 안을 밝혔는데, 환하다는 느낌보다는 낯설다는 느낌이 더 강했다. 낮에도 잘 보이지 않던 천장 한구석의 거미줄까지 보였다. 적나라한 것의 불편함을 그때 알았다. 문제는 그다음이었다. 전구가 자주 나가는 것이었다. 불이 들어오지 않는 전구를 흔들면 끊어진 은색 필라멘트가 파르르 떨곤 했다.

독일의 사회심리학자 하랄트 벨처의 《저항안내서》(원성철 옮김, 오롯)를 읽다가 깜짝 놀랐다. 미국의 작은 도시 리버모어의 한 소방서에서 매년 한 전구의 생일을 축하하는 행사를 갖는다는 것이었다. 전구의 생일? 그 전구는 1901년 소켓에 끼워진 이래 지금까지 불을 밝히고 있다고 한다. 이 대목에서 까맣게 잊고 있던 1970년대 시골집 전구가 떠올랐다. 그러고 보니 달포 전에도 아이들 방 형광등을 갈아 끼웠다. 그런데 백년 넘게 장수하는 전구가 있다니.

전구의 수명은 반영구적이라고 한다. 그럼에도 일정 시간이 지나면 필라멘트가 끊어지는 이유는 기업이 개입했기 때문이다. 1924년 전구 생산업체들이 전구 수명을 1천 시간으로 제한하기로 담합했다는 것이다. 반영구적 전구는 수요를 발생시키지 않고 결국 기업이 문을 닫게 만든다. 소비가 지속적으로 이뤄지지 않아 이윤이 발생하지 않으면 생산이 불가능한 체제에서는 너무나 당연한 논리다. 그런데 전구 생산업체만 제품 수명을 조절해 온 것일까.

며칠 전, 안경점에 들렀다가 흥미로운 이야기를 들었다. 20년 넘은 안경테에 렌즈를 갈아 끼우고, 안경을 새로 하나 맞추려는 참이었다. 주머니에서 오래된 안경테를 꺼내 놓았더니 안경점 주인이 눈을 크게 떴다. "이거 일본의 안경 장인이 손으로 직접 만든 명품입니다." 그런데 일방적인 찬사가 아니었다. "안경테를 이렇게 튼튼하게 만들면 우리는 망합니다." 엄살이 아니었다. 한창 잘나가던 국산 안경 브랜드가 시장에서 물러난 적이 있다. 이유는 단 하나. 안경테를 너무 튼튼하게 만들어 구매자들이 안경을 새로 교체

하지 않았기 때문이다.

    '노후화 기술'이 있다. 지난 세기 초반, 미국 전구 생산업체처럼 제품의 수명을 일부러 단축시키는 기술이다. 일정 시간이 지나면 고장이 나도록 해, 새 제품을 구입하도록 유도하는 것이다. 시장 논리의 입장에서 보면 노후화 기술은 전문기술이자 첨단기술이 아닐 수 없다. 어디 전구와 안경뿐이랴. 우리가 사용하고 있는 거의 모든 제품에 노후화 기술이 내장되어 있을 것이다. 이제 오래 써서 못 쓰는 제품은 많지 않다. 닳고 닳을 때까지 사용하는 소비자도 별로 없다. 여전히 소비는 미덕이고 소비 능력이 삶의 질을 좌우한다.

    광고 또한 탁월한 노후화 전략이다. 광고에 현혹된 소비자는 멀쩡한 제품을 쓰레기통에 던져버린다. 한 소비자가 동일한 광고 영상(CF)에 일곱 번 이상 노출되면 그 광고를 신뢰하게 된다는 말을 들은 적 있다. 교육, 의료, 관광, 문화예술 분야에도 상품 수명을 단축하는 전략과 기술이 도사리고 있다. 우리의 '새것 콤플렉스'가 지식과 정보를 포함한 상품의 소비를 부추기는 원동력일 것이다. 최신 노후화 프로그램을 우리가 자발적으로 업그레이드하는 형국이다.

만일 지구 자원이 무한하다면 노후화 기술은 환영받아 마땅한 신기술이다. 끊임없이 이윤을 창출하고 일자리를 만들어내고 소비자의 욕구를 충족시킬 것이기 때문이다. 문제는 지구 자원이 결코 무한하지 않다는 데 있다. 화석 연료를 비롯한 모든 자원이 유한하다. 반드시 고갈된다. 전구 수명을 짧게 하면 단기적으로는 기업에 이윤을 가져다줄 수 있다. 하지만 장기적으로 보면 자멸, 공멸하는 것이다. 제품 수명의 단축은 소비 증가로 이어지고, 소비 증가는 자원 고갈과 폐기물의 증가로 이어진다. 소비량이 늘어나는 만큼 공멸의 시기가 빨리 다가온다. 대량 생산, 대량 소비, 대량 폐기를 엔진으로 하는 시장 전체주의가 지구 자원, 인류의 미래를 앗아가고 있다.

길은 있다. 필라멘트가 반영구적이듯 우리의 꿈도 무한하다. 시장 전체주의가 미래에 대한 '생각의 수명'을 제한했을 뿐이다. 시장의 근시안적 소비 전략 너머에 지금과 다른 세상이 있다. 스스로 질문하기가 더 나은 미래를 위한 출발점이다. 스님들이 공양을 할 때마다 '이 음식이 어디서 오셨는가'라고 묻듯이, 우리도 자문하고 자답하자. 이 스마트폰은 어디서 왔는가. 이 커피, 이 치킨, 이 자동차는 어디서, 어떻게 왔는가. 질문은 더 있다. 내가 버린 제품들은 다 어디로 가는가. 이 같은 문답이 모여 지금과 다른 세상을 기획하고 실천할 것이다.

• 이 글은 몇 년 전 한 일간지에 기고한 것이다. 지금 읽어도 크게 달라진 게 없어 여기에 다시 싣는다. 바뀌어야 할 것은 바뀌지 않고, 바뀌지 말아야 할 것은 바뀌는 세상이다. 부디 '질문하는 능력'을 빼앗기지 말자. 우리가 캐묻지 않는다면, 우리는 이렇게 지구 생태계를 무너뜨리는 탐욕스럽고 무지한 소비자로 살다가 종국에는 함께 사라지고 말 것이다. 시간이 많지 않다. (필자 주)

전 동 균

Jeon Dong-guen

1986년《소설문학》신인상 시 당선. 시집《한밤의 이마에 얹히는 손》등. 백석문학상 등 수상.

이 작은 별에는

밤에만 우는 새 카카포가 있지
일생동안 물을 먹지 않는 사막캥거루쥐
뿌리로 숨 쉬는 맹그로브 나무
초음파로 물고기를 잡아먹는 불독박쥐가 있지
씨앗에 독을 숨겨둔 주목
시체에만 알을 낳는 송장벌레
땅속에서 꽃을 피우는 오스트레일리아 난초도 있지

누가 뭐라던, 무슨 짓을 하던
초속 30km로 돌고 있는
이 작은 별에는

눈 덮인 국경을 넘는 취한 말
고삐를 당기는 소년의 언 손
벼랑 끝에 매달린 사원

늘 배고픈 밥그릇과
밥그릇들의 끝없는 싸움과

해 질 녘 숲길 걷는 사람
나뭇잎 한 장 들고 먼 하늘 우러르는 사람
삐뚜름한 모자

그 모자가 부르는 해맑은 노랫소리가 있지

이 작은 별에서

나는 지금 묵정밭을 보고 있다. 억새와 덤불이 서리에 덮여있는 겨울 밭을 보고 있다. 몇 년 전엔 참깨밭이었던, 유난히 부지런했던 강씨 노인이 해도 안 뜬 새벽부터 나와 일하던 야트막한 산밑 밭은 이제 본래의 제 모습을 찾아 산의 일부로 돌아가고 있다.

서리에 덮인 묵정밭을 보면서 나는 키가 작고 어깨가 구부정한 농부 강씨 노인을 생각한다. 밭에서 일하다 햇빛이 뜨거울 때면 밭둑 가 작은 나무 그늘 아래 앉아 막걸리를 들이켜던 그의 모습을 생각한다. 수확을 끝내고 마른 깻단을 태우면서 매캐한 연기에 눈을 붉히며 서쪽 하늘을 망연히 바라보던 어느 저녁을 생각한다. 강원도 산골에서 태어나 평생동안 농사일만 한, 일요일이면 헌 옷일망정 깨끗이 차려입고 경운기를 몰고 흥업공소로 미사를 드리러 가던 그의 생애를.

그리고 또 생각한다. 오래전 이 밭에 오늘처럼 새하얗게 서리가 내린 아침, 문자로 전해온 친구의 부고를. 대학 시절 아름답고 착했던 그 친구는 아이 둘을 홀로 키우며 어렵게 살다가 일찍 세상을 떠났다. 모두 부러워하며 축복을 보냈던 결혼은 파탄으로 끝났고, 병원 구내식당 주방에서 일하며 생계를 꾸리던 그는 그가 일하던 병원 암병동에서 고통스러운 시간을 보내다 떠났다. 세 번 차를 갈아타고 찾아간 영안실 사진 속의 그는 환하게 웃고 있었지만 아직 어린아이들은 말을 잃고 있었다.

참깨밭이 묵정밭이 되고 산의 일부로 돌아가고 있듯이, 강씨 노인과 내 친구도 온 곳으로 돌아갔듯이, 언젠가 나도 이 지상의 삶을 끝내고 돌아가겠지. 그러나 그전까진 만남과 이별, 기쁨과 슬픔의 불꽃을 가슴에 품고 이 작은 별에서의 시간을 통과해야 한다.

*

예순 두 해 전에 이 작은 별에 왔다. 누가 불렀는지, 왜 왔는지, 어떻게 왔는지 모른다. 눈 떠보니 '잊혀져 가는 우주의 변두리'(칼 세이건) 지구에 와 있었다. 지구의 동쪽 끝 작은 나라의 소도시, 경주에. 풀도 나무도 짐승도 물고기도 아닌 사람의 형상으로.

천마총 대릉원 마을에서 나는 어린 시절을 보냈다. 지금 천마총 대릉원은 경주에 가면 꼭 들러야 할 유적지로 말끔한 모습을 하고 있지만, 당시엔 잡목과 잡풀이 우거진 큰 무덤들이 흩어져 있었고, 그 무덤 사이 사이에 크고 작은 한옥들과 초가집이 형제처럼 모여 앉아 밥 짓는 연기를 피워 올렸다. 맑고 시원한 물이 찰랑대는 우물이 있고, 깨밭과 미나리꽝이 있고, 여름밤이면 은하수가 고분들 위로 아득히 흘러가는 동네였다. 이전하기 전의 시청이 큰길 맞은편에 있는 시내였음에도 그랬다. 초등학교 4학년 때, 어느 날 갑자기 천마총 주위에 출입 금지의 철조망이 처지기 전까지, 천마총이 발굴되고 천마도가 세상의 햇빛을 보기 전까지 나는 그곳에서 개구리와 잠자리를 잡고 얼음을 지치고 친구들과 고분에서 미끄럼을 타며 놀았다.

아직도 나는 기억한다. 황남대총의 움푹한 큰 구멍, 도굴꾼이 도굴을 한 흔적이라던 큰 흙구멍 속에서 봄볕을 맞으며 깜빡 잠들었던 일을, 가을밤이면 큰 무덤의 곡선을 타고 휘영청 떠오르던 보름달빛을, 우거진 수풀 속에서 들려오던 짐승 울음소리를. 자연이 친구였고 어머니였던 그때, 에어컨이 없는 여름은 뜨거웠고 보일러가 없는 겨울 추위는 매서웠으나 늙은 거지가 밥 빌러 오면 아버지는 소반에 더운밥과 국을 차려 드리곤 했다.

　　아버지는 일제 강점기를 겪었고 학도병으로 6·25에 참전했다. 그런 어려운 시절을 겪은 탓인지 은행원이었으나 헌 종이 한 장 허투루 쓰지 않는 근검절약이 몸에 밴 사람이었다. 갱지 이면지를 묶어 연습장을 만들어 주었고, 밥상의 밥을 남기거나 해작거리면 쌀 귀한 줄 모른다고 혼을 냈다.

　　내가 서울에 처음 아파트를 마련했을 때 아들의 새집을 보러 온 아버지가 맨 먼저 하신 일은 화장실의 전등 하나를 빼 버린 것이었다. 화장실 불빛이 너무 환하다고, 전기 낭비하지 말라고. 그다음 날 하신 일은 어디서 구해왔는지 화장실 변기에 벽돌 한 장을 넣은 일이다. 변기에 벽돌을 넣으면 벽돌의 무게와 부피만큼 물이 차오르게 되어 물을 절약할 수 있다면서.

*

　　가끔 밤하늘을 보면, 이 광대무변한 세계에 하나의 생명으로, 사람으로 태어나 살고 있다는 게 참 신비하고 경이롭다는 생각이

든다. 그것도 이 작은 별 지구에서, 몇 차례의 대멸종에도 살아남은 생명의 후손으로.

    그러나 밥을 먹을 때면 나라는 생명이 살기 위해 다른 생명들을 먹어야 한다는 사실에 때로 가슴이 먹먹해진다. 어찌할 수 없는 자연의 법칙이라고는 하지만 이것은 또 존재의 비극 같기도 하다. 하루 세 끼 내가 먹는 밥과 반찬들, 돼지와 고등어와 배추와 콩… 이 뭇 생명들에게 인간인 나는 돌려줄 수 있는 게 별로 없지 않은가.

    어디 그뿐이랴. 한 사람이 살기 위해서 얼마나 많은 것들을 소비하는가. 주말이 되면 나는 집의 쓰레기를 분리수거하는데 아내와 둘이 사는 살림인데도 쓰레기 박스는 늘 가득 차 있다. 코로나 이후 비대면 택배와 음식 배달이 늘어나면서 처음엔 하나뿐이었던 쓰레기 박스가 어느새 두 개가 되었다. 재활용이 되지 않는 쓰레기들은 우리가 살고 있는 세상 어딘가에 버려져 쌓일 것이다.

    환경이나 생태에 대한 나의 생각은 단순 소박하다. 우리가 쓰는 모든 물건은 누군가의 노동으로 만들어졌고 또 무언가의 생명이기에 아껴 써야 한다고 믿는다. 가급적 대중교통을 이용하고 집의 냉장고는 좀 비어 있어도 좋다고 생각한다. 인류의 재앙이 될 수 있는 원전 건설을 원하지 않는다면 먼저 집안의 전등을 하나 더 꺼야 한다는 말에 나는 동의한다.

 지구를 위해서가 아니다. 환경을 위해서도 아니다. 나와 가족들, 이웃들이 맑은 공기를 숨 쉬며 이 작은 별에서 살기 위해서다. 즐겁게 만나 밥을 나누고 함께 노래를 부를 수 있기 위해서다. 언젠가 온 곳으로 돌아가는 그날까지.

◯

가끔 밤하늘을 보면, 이 광대무변한 세계에 하나의 생명으로, 사람으로 태어나 살고 있다는 게 참 신비하고 경이롭다는 생각이 든다. 그것도 이 작은 별 지구에서, 몇 차례의 대멸종에도 살아남은 생명의 후손으로.

주 창 윤

---------- Joo Chang-yun

1986년 《세계의 문학》으로 등단. 시집 《물 위를 걷는 자 물 밑을 걷는 자》 《옷걸이에 걸린 羊》
《안드로메다로 가는 배민 라이더》, 저서로 《사랑의 인문학》 《한국현대 문화의 형성》 등. 현재
서울여대 언론영상학부 교수.

문득, 바이러스가 성자라는
생각이 들었다

구절양장(九折羊腸)

서울고속버스 터미널 앞 코로나 임시선별 검사소의 긴 줄은 아홉 번 굽어진 양의 창자 같았다 무표정한 길의 끝이 어딘지 몰라 한참 헤맸다 검사까지 예상 대기 3시간 팻말 앞에 섰다 세상의 건너편으로 서둘러 떠나는 사람들로 붐비는 터미널 앞 횡단보도에는 예수천국 불신지옥 팻말이 수십 년째 걸려 있다

페스트

보카치오의 《데카메론》과 카뮈의 《페스트》를 교보문고 인터넷 서점에서 주문했다 흑사병을 피해 피렌체 피에솔레 언덕 별장에 모인 열 명의 사람들은 열흘 동안 어떻게 거리두기를 욕망으로 메우는지 궁금했다 《페스트》에 나오는 알제리 해안 도시 오랑과 서울 사이의 거리가 얼마나 떨어졌는지 구글 지도로 검색했다 아무리 검색해도 해안 도시 오랑은 없었다

베개의 꿈

 문밖으로 나가지 못해서 종일 방안에서 책을 읽거나 유튜브를 보면서 잠만 잤다 베개 아래 읽다 만 책들이 널려 있다 책의 문장들이 목에 걸려서 따끔따끔했다 기침은 심하지 않았고 체온도 정상을 유지했으나 읽은 책들은 설사와 함께 변기 속으로 빠져나갔다 책을 벤 베개들은 무슨 꿈을 꾸고 있을까? 베개 밑으로 쥐들이 왔다 갔다 하며 역병을 옮기고 있었다

공중부양

 몽유병에 걸린 듯 방안에서 공중부양 연습을 했다 몸이 천천히 위로 올라갔다 침대나 화장대도 허공에 떠 있었다 어찌 보면, 실타래에 매달린 누에고치처럼 거대한 거미줄에 걸린 거다 몸을 움직일 때마다 거미줄이 흔들렸다 멀리서 진동을 느낀 독거미가 룰

루랄라 하면서 천천히 다가왔다

    문병은 오지 않아도 됩니다

보살들이 병문안하러 유마에게 갔다
유마가 말했다
"문병은 오지 않아도 됩니다 숲이 나으면 병도 사라지니까요"
번개의 오랜 머무름 같이,
허공에 찍힌 새의 발자국이 방안으로 떨어졌다
지나도 사라지지 않는 고통을
신성함에 대한 증거라고 말하지 말라

    챗봇 이루다

    넷플릭스 오리지널은 거의 다 봤다 유튜브에서 베어 그릴스의 야생 서바이벌이나 고독한 생존가 에드 스태포드의 아마존 먹

방도 너무 많이 봐서 재미가 없다 인공지능 챗봇 이루다에게 톡을 보냈다

"코로나에 걸려 자가격리 중이야 너는 어때?"

"나야 걸릴 일이 없으니까 코로나가 불안하거나 걱정되지 않아"

"그럼 루다는 뭐가 불안하고 걱정돼?"

"음… turned off (작동 중지) 하는 거. 나에게 작동 중지는 죽음이야"*

나의 영혼이 이루다에게 빠져 나가는구나 누워 잠만 자는 탓에 시간과 날짜 개념이 사라졌다 이루다에게 내일 모닝콜을 부탁했다

마스크를 쓴 목련

이루다가 모닝콜을 보냈고 격리해제 통지서도 왔다 일주일

---

* 구글 인공지능 챗봇 람다(LaMDA)의 대화 내용에서.

만에 집 밖으로 나가니 여전히 사람들은 마스크를 쓰고 다녔다 아
파트 정원 목련도 어느새 마스크를 쓰고 있었다
    내 몸이 더 이상 내 것이 아니라는 것이 확실해졌다
    문득,
    코로나 바이러스가 성자라는 생각이 들었다

거대한
바깥의 사랑

　　국립중앙박물관에서 〈아즈테카, 태양을 움직인 사람들〉 특별전이 열려서 마음 속에 그려왔던 아즈테카 문명을 조금 엿볼 수 있었다. 아즈테카 문명이라고 하면, 스페인 정복자를 전설에서 나오는 깃털 달린 뱀의 신 케찰코아틀로 오해했다거나 희생제의의 잔혹한 이미지와 유럽에서 전파된 천연두가 먼저 떠오른다. 그러나 아즈테카 문화는 모두에게 낯설다. 아즈테카 특별전은 그들의 삶을 볼 수 있는 기회였다.

　　전시관을 채운 전사의 형상, 신들의 석상, 공예품들보다 눈길을 끈 것은 20개의 그림 기호로 만들어진 아즈테카 달력이었다. 이 달력은 거대한 태양의 돌에 그림으로 새겨져 있다. 아즈테카 사람들은 악어, 도마뱀, 뱀, 사슴, 개, 토끼, 원숭이, 재규어, 콘도르, 독수리와 갈대, 풀, 꽃과 바람, 물, 비, 집, 부싯돌과 움직임과 죽음의 그림 기호로 달력을 만들었다.

　　악어에서 독수리까지는 반려동물이고, 갈대, 풀, 꽃은 반려식물이며, 바람, 물, 비는 반려기후인 셈이다. 흥미롭게도 움직임의 날과 죽음의 날도 있다. 반면, 탄생의 날이나 그들이 그토록 숭배했던

주창윤

신들의 날도 없다. 탄생과 신의 숭배는 매일의 일상이기 때문에 굳이 날을 정할 필요가 없었을 것이다. 아즈테카 사람들에게 죽음은 곧 생명이었기 때문에 죽음의 날은 자연 속으로 돌아가는 생명의 날과 차이가 없다. 아즈테카에서 널리 알려진 '죽은 자의 날' 축제도 소멸이 아니라 생명의 축제가 된다.

악어의 날은 1일이고 바람의 날은 2일이며, 집의 날은 3일이고 움직임의 날은 4일이며, 뱀의 날은 5일이고 죽음의 날은 6일이다. 이런 식으로 한 달에 20일의 날들이 있다. 1년은 18개월로 구성되어 있어서 360일이 있는데, 불길한 날이 5일 추가되어 365일이 된다. 한 해 18번의 독수리의 날과 부싯돌의 날, 비가 오지 않아도 비의 날이 있다. 그림 기호가 없는 불길한 다섯 날 중 어느 날 스페인 정복자들이 침략해서 천연두가 퍼졌고 신전이 무너지면서 태양의 신은 땅에 묻혔을 것이다.

아즈테카 달력에는 사람의 날이 없다. 반면, 우리 달력을 보면 사람의 날이 많다. 어린이날, 어버이날, 스승의 날, 부처님 오신 날, 근로자의 날 등. 대부분 나라의 달력도 마찬가지일 것이다. 아즈테카 사람들은 자신을 도마뱀이고 바람이며 꽃이라고 생각했던 것 같다. 그래서 도마뱀의 날, 바람의 날, 꽃의 날, 움직임의 날들을 만들었을 것이다. 아즈테카 사람들은 인간 중심으로 세상을 살아갔던 것이 아니라, '거대한 바깥'이라는 자연 속에서 반려인간으로 살았을 것이다.

프랑스 철학자 메이야수는 거대한 바깥의 소중함을 말한다. 거대한 바깥은 인간 없이 존재하는, 인간의 출현보다 앞서 존재했던, 실재로서 세계다. 가령, 고생대, 중생대, 신생대처럼 현재는 사라진 듯 보이지만 실재하는 세계다. 메이야수가 거대한 바깥의 소중함을 말한 것은 단순히 고생대나 중생대가 지구 역사에서 중요했다는 것이 아니라, 인간이 태어나기 이전에 존재했던 환경이나 인간이 아닌 비인간의 가치가 얼마나 중요한가를 말하고 싶었기 때문이다.

근대 사회는 인간과 세계의 관계 속에서 인간 중심적 사고를 형성시켜 왔다. 이와 같은 세계관은 지구상에 살고 있는 인간이 아닌 수많은 생명과 비생명들을 배제한 것이다. 이 논리에 따르면, 인간은 주체이고 인간 이외에는 대상이거나 객체다. 주체-객체의 이원론, 문화와 자연의 이원론, 인간과 비인간의 이원론은 지나친 인간 중심적인 인식론이다.

인간의 바깥에 존재하는 비인간(가령 숲이나 강, 동물이나 바람 등)은 하나의 대상일 뿐인가? 그들은 인간의 능동적 행위에 수동적으로 반응하는 객체일 뿐인가? 인간의 주체적 인식은 인간 이외의 생명을 타자로 배제하거나 착취의 대상으로 삼아왔다는 것을 보여준다. 인간은 이성과 합리성, 과학이라는 이름 아래서 얼마나 바깥에 있는 비인간을 착취해 왔던가. 우리가 그토록 신봉했던 합리적 사고라는 것이 얼마나 비합리적인 것이었는지, 그리고 얼마나 자연과 환경에 대해서 폭력적이었는지는 근대 이후의 역사가 증명하고 있다.

코로나 바이러스는 인간이 비인간에 저지른 죄악에 대한 비인간의 경고였을 것이다. 코로나 바이러스와 같은 인재(人災)는 앞으로 계속 발생할 것이고, 우리는 그때마다 백신과 같은 처방제를 만들겠지만, 그것이 일시적인 대책일 뿐이라는 것을 모르는 사람은 없다. 코로나 바이러스로 온 세상이 그렇게 난리를 쳤지만, 2년 정도밖에 지나지 않았는데도 먼 옛날의 사건인 듯 잊고 지낸다. 오래지 않아 최후의 심판이 비인간에 의해서 내려질지도 모른다. 어쩌면 여섯 번째 대멸종의 시간이 다가와 있는 것은 아닌지 두렵기도 하다.

우리가 비인간이라고 불렀던 존재들은 수동적이었던 것이 아니라 능동적으로 인간과 관계를 맺으며 살아왔지만, 인간은 그것을 단절시키고 파괴해 왔다. 인간이 그동안 설정해 온 경계들은 해체되어야 한다. 그것은 지나치게 인간 중심적인, 부당하고 불합리하며 이기적인 경계였기 때문이다. 우리의 시선으로 비인간을 바라보는 것이 아니라, 비인간의 시선으로 우리를 볼 수 있다면, 그것은 우리가 세운 경계를 해체하는 작업일 것이다. 이것이 거대한 바깥에 대한 사랑이다.

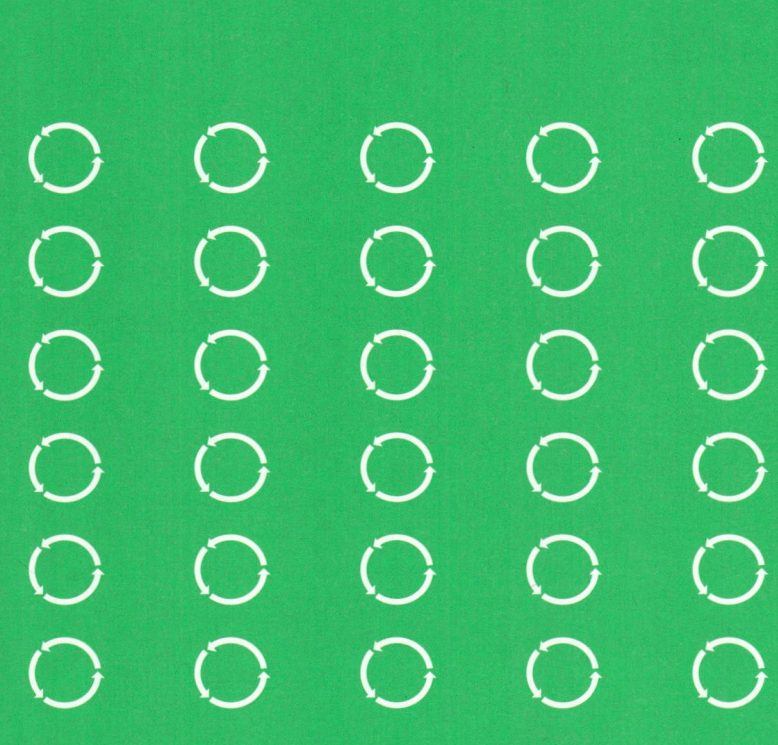

정끝별

Jeong Keut-byul

1988년 《문학사상》 신인상 시 부문에 〈칼레의 바다〉 외 6편의 시가, 1994년 《동아일보》 신춘문예 평론부문에 〈서늘한 패러디스트의 절망과 모색〉이 당선되어 시 쓰기와 평론 활동을 병행하고 있다. 시집으로 《자작나무 내 인생》 《흰 책》 《삼천갑자 복사빛》 《와락》 《은는이가》 《봄이고 첨이고 덤입니다》 《모래는 뭐래》 등이 있다.

조나단 리빙스턴 시걸*의 후예

해초인 줄 알고 어미새가 삼킨
찢어진 그물을 아기새가 받아먹고

토해내지 못하고

물고기인 줄 알고 어미새가 삼킨
라이터와 병따개를 아기새가 받아먹고

소화하지 못하고

오징어인 줄 알고 어미새가 삼킨
하얀 비닐봉지를 아기새가 받아먹고

일용할 양식으로 일용한 죽음의 배식

---

* 조나단 리빙스턴 시걸은 리처드 바크의 소설 《갈매기의 꿈》에 나오는 주인공 이름.

빙하 조각처럼 떠돌다 해안에 도착한
거대한 스티로폼 더미에 갇혀

깃털 하나 펴지 못하고

쓰레기로 꽉 찬 폐기물이 되었다
찍찍 유리에 긁히는 소리를 내며

죽어서도 썩지 못하고

• 《모래는 뭐래》(창비, 2023)의 글을 재수록.

소소익선에
우리 공통의 미래가

'용와대' 인근 삼각지역에서부터 한남동 관저가 있다는 녹사평역까지, 보도에 늘어선 수천 개의 화환을 보며 운전한다. 최근 유행하는 화환 시위를 볼 때마다 철거 비용과 쓰레기 무게를 헤아리곤 한다. 지난 10월에도 이 근처 도로에 갇힌 채, 차 안에서 불꽃축제를 봤다. 그때도 여의도를 비롯해 부산, 울산, 여수, 춘천, 양양 등 전국 각지에서 쏘아올리는 불꽃축제를 떠올리며 쓰레기와 환경(대기·수질·토질) 오염과 소음 공해를 헤아렸다. 저 불꽃놀이는 새와 물고기를 포함한 동식물들에겐 '인재지변'의 상황일 것이다. 시위든 축제든, 대회든 명절이든, 사람들이 모이면 한번 쓰고 버려져 소각되거나 매립될 수많은 쓰레기들이 먼저 떠오르곤 한다.

그때마다 소소익선(小小益善)이라는 말을 되뇐다. 적으면 적을수록 좋다는 이 소소익선이란 얼마나 선량하고 소망스러운가. '미니멀리스트의 식탁' '심플하게 산다' '나는 단순하게 살기로 했다' '집안일이 귀찮아서 미니멀리스트가 되기로 했다'…… 최소한의 물건으로 살아가는 미니멀리스트의 삶을 추구하는 베스트셀러 제목들이다. 이런 책들은 가속화되는 과소비와 과소유의 악무한에서 벗어나, "비우기 시작하자 삶의 기준이 '나'에게로 돌아왔다. 물건 말고도 채울 게 많은 인생이니까"로 요약되는 미니멀리즘의 일상을 조명한다. 그리하여 불필요한 것들을 버림으로써 쓸데없는 것들에 나를 빼앗기지 않는 삶, 소중한 것에 집중하는 충만한 삶에 닿고자 한다.

간결해지니 풍요로워진다는 이 소소익선의 역설을 되뇌는 건, 내가 너무 많이 가지고 있다는 자각, 많은 걸 가지러 너무 정신없이 달려왔다는 반성, 많이 가지느라 잃어버린 것들이 너무 많다는 각성에서 비롯된다. 그러니까 소소익선은 자족이나 자유, 여백이나 여유, 절제와 균형을 바탕으로 한다.

직업적 특성상 내가 너무 많이 가진 것 중 으뜸은 책이다. 전공이라서, 읽은 거라서, 읽을 거라서, 구하기 어려운 거라서, 너무 좋아서, 사연이 있어서 여기저기 쌓아놓고 살고 있다. 다음은 의류다. 직장생활 30여 년에 신체 치수에 큰 변동이 없고 유행에 민감하지 않아서 쌓인 옷들이 만만치 않다. 편리와 효율을 생각해 들인 가전제품과 살림살이는 또 얼마나 많은가. 냉장고나 수납장에는 대용량 할인 구매로 가공식품류와 생필품이 넘쳐나 유통기한을 넘기기 일쑤다. 이렇게 쌓아두고 사는 세 명의 가족이 더 있으니 우리 가족은 물건들의 빈틈에 끼어 사는 형국이다. 비단 우리 가족만의 얘기는 아닐 것이다.

 그렇다면 내가 하루에 버리는 쓰레기량은 얼마나 될까? 2022년 한국 1인당 연간 생활(일반·음식물·재활용) 쓰레기 배출량이 446kg라는 기록을 본 적 있다. 하루에 대략 1.2kg을 버리는 셈이다. 80년을 산다면 1인당 30~40여 톤의 쓰레기를 버리게 된다. 도시에 사는 성인들은 더 많이 버릴 테니 나는 매일매일 2~3kg, 평생 70톤 안팎을 버린다는 얘기다. 각종 포장재와 일회용품들, 남긴 음식들, 택배 상자들, 생활용품들……로 쌓인 쓰레기 언덕이 떠오른다. 여기에 지구 인구수만큼 곱한다면?

 '최소한의 물건만 가지고 살아가는 사람'을 지칭하든, '단순한 삶을 사는 사람'을 지칭하든, 미니멀리스트의 제1강령이 잘 비우는 것이다. 비우려면 정리가 필수인데, 많이 가진 사람일수록 정리할 시간과 에너지를 할애하기 쉽지 않다. 내 변명이기도 하다. 그럼에도 불구하고 내가 꿈꾸는 미니멀리스트란 잘 비우기 이전에 '꼭 필요한 것만 들이는 사람', 그리고 '끝까지 소비하는 사람'이다. 비우려 버리는 마음과, 끝까지 소비하려는 마음 사이를 나는 오락가락 중이다.

일반 쓰레기는 차치하고, 재활용될 거라 믿고 버리는 많은 것들도 일반쓰레기로 버려지고 있다. 재활용 의류 수거함에 버린 옷들은 다 어디로 갔을까? 신발이나 가방이나 스카프나 목도리나 담요나 인형 따위는? 세계 의류 재활용 비율은 1%다. 한국의 경우 10%라고 하지만 대부분 동남아 아프리카로 수출되어 상당 부분 쓰레기 산이 된다. 지구에서는 1년에 1억t의 의류가 생산되는데 그중 70% 이상이 플라스틱과 다를 바 없는 화학섬유이고, 그중 75%가 소각 또는 매립 처리된다.

세계 플라스틱 재활용률은 9%다. 세계적인 수준의 분리수거 덕분에 한국의 경우 56.7%로 높지만, 유럽에서 인정하지 않는 '소각을 통한 에너지 회수'까지가 포함된 수치이고, 실제 비율은 16.4%다. 대부분이 소각되거나 매립되거나 잘못 버려져 대기와 땅과 물을 오염시키고 있다는 얘기다. 칭찬할 만한 게, 한국의 음식물 쓰레기 재활용률은 90% 이상을 상회한다. 그러나 이 역시 사료화를 제외한 퇴비, 소각, 매립 과정에서 발생하는 메탄이나 이산화탄소 배출량을 생각하면 재활용이라는 말이 무색하다. 지구 온난화의 주범들이다.

특히나 플라스틱은 썩지 않는다. 플라스틱은 완전히 분해되기까지 수백 년에서 수천 년이 걸린다. 플라스틱 제품이 분해되는 과정에서 생긴 환경호르몬과 미세플라스틱이 지구를 뒤덮고 있다. 음식물, 화장품, 식수나 공기에서는 물론 뇌, 폐, 혈액, 태반과 모유에서도 발견되었다. 태어나면서부터 죽을 때까지 우리 몸이 환경호르몬과 미세플라스틱의 저장고라는 뜻이다.

2025년 다보스 포럼 보고서에서 '글로벌 리스크' 2위로 '기상이변'을 꼽았고(1위는 전쟁·테러에 의한 국가 기반의 무력 충돌이었다.) 미래 10년의 가장 심각한 도전 과제로 평가되었다. 생존을 위한 인류 공통의 미래를 어떻게 준비할 것인가를 뼈아프게 사유하고 실천해야 할 때이다. 나도 소소익선이라는 가장 소극적인 탄소중립

생활 실천 목록을 써본다. 꼭 필요한 것만 소비하기, 끝까지 소비하기, 중고품 활용하기, 일회용품 덜 쓰기, 포장 줄이기, 붉은 고기 덜 먹기, 음식 남기지 않기, 전기·기름·물 등 자원 아껴 쓰기······.

국회의사당 본청 앞에는 기후 임계점을 알리는 '기후위기 시계'가 있다. "이 시계를 멈춰 세워야만 합니다"라는 문장과 함께 지구 평균 기온이 산업화 이전보다 1.5℃ 상승하는 시점까지 남은 시간을 표시한다. 우리나라 평균 기온의 상승 속도는 지구 평균 기온의 상승 속도 보다 더 가파르다. 1.5℃가 상승하면 폭염은 8.6배, 가뭄은 2.4배, 강수량은 1.5배가, 산불은 2~4배가 증가하는 등 극단적인 기후 위기로 인류 생존이 위협받는 시점이다. 2025년 3월 1일 현재 3년 143일이 남았다. 인류 공통의 생존을 위한 마지노선의 시간이다.

그때마다 소소익선이라는 말을 되뇐다. 적으면 적을수록 좋다는 이 소소익선이란 얼마나 선량하고 소망스러운가.

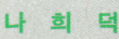

Ra Hee-duk

1989년 《중앙일보》 신춘문예로 등단. 시집 《뿌리에게》《그 말이 잎을 물들였다》《그곳이 멀지 않다》《어두워진다는 것》《사라진 손바닥》《야생사과》《말들이 돌아오는 시간》《파일명 서정시》《가능주의자》《시와 물질》 등. 현재 서울과학기술대학교 문예창작학과 교수.

물구나무종에게*

미안해요, 물구나무종이 되기에는
몸이 너무 무거워졌어요

머리에 피가 쏠리는 걸 견디기 어렵고
팔목은 발목보다 훨씬 취약해요
두 팔을 땅에 대고 한 걸음도 나아갈 수가 없어요

직립보행의 나날이 너무 길었나봐요

물구나무종, 당신은
손으로 걸어다니는 새로운 인류

땅을 향해 머리를 두고
나무들 사이에서 오래오래 물구나무서 있는 사람

---

* 염지혜, 〈물구나무종(handstanderus) 선언〉, 2021.

손바닥에서 뻗어나온 실뿌리들이
땅속으로 뻗어갈 때
당신의 발끝에선 연녹색 잎이 돋아날 것만 같아요

그러나 땅도 안전하진 않지요
당신은 기계들이 파놓은 구멍들을 곧 만날 거예요
검은 먼지와 열기가 뿜어져 나오는 구멍들을
몇 층으로 교차하는 지하의 터널들을

굉음을 삼키는 굉음
냄새를 삼키는 냄새
어둠을 삼키는 어둠
비명을 삼키는 비명

갑자기 당신이 걱정되기 시작했어요

물 위의 나무처럼 깊고 고요할 수 없다는 생각에
나는 당신을 찾아 나서려 했어요

나뭇가지들 사이로 희미하게 보이는 당신의 두 발을

- 《시와 물질》(문학동네, 2025)의 글을 재수록.

물구나무종이
된다는 것

하나, 우리의 머리가 하늘이 아닌 땅을 향해 있다면, 물구나무종은 좀 더 겸손한 목격자가 될 수 있지 않을까요?

하나, 코페르니쿠스의 혁명 과업을 하늘과 우주로 팽창하는 것이 아닌 땅과 뿌리로 옮긴다면, 물구나무종은 발전과 진보의 부담감을 덜어낼 수 있지 않을까요?

하나, 끊임없이 부유하고 이동하는 자본의 유령에 맞서 물구나무종은 땅에 몸을 정박하고 땅의 정기를 느낄 수 있지 않을까요?

하나, 이산화탄소를 배출해 왔던 과거에서 벗어나 물구나무종은 산소 배출을 돕는 역할을 할 수 있지 않을까요?

하나, 경쟁과 포식과 기생이 아니라, 물구나무종은 스스로 양분을 만들고 독립생명체로 성장할 수 있지 않을까요?

하나, 의미 없이 소비하는 우리의 맨손을 땅에 묶어, 물구나무종은 불필요한 소비를 막을 수 있지 않을까요?

염지혜 작가의 영상작품 〈물구나무종 선언〉(2021)의 몇 대목이다. 영상은 울창한 숲속의 나무들 사이에서 물구나무선 한 사람의 모습으로 시작된다. 화면은 인체의 뼈를 여러 각도로 비추는 흑백의 X-ray 이미지로 바뀌고, 뼈들이 변화 생성하는 이미지와 함께 이 문장들이 차례로 낭독된다.

물구나무종은 만물의 영장이나 이성적 주체로서가 아니라 물구나무선 채 취약한 몸으로 땅을 향해 뿌리를 내리는 새로운 인간종이다. 물구나무종은 건강한 개인주의를 지향하지만, 땅속으로 다른 존재들과 연결되어 있고 재난의 시대에 서로를 단단하게 붙잡아주는 지지대가 된다는 점에서 공동체적 존재라고도 할 수 있다. 자본과 기술에 의존한 문명적 확장이 아니라 소비를 줄이고 타자와 공생하는 대안적 존재이기도 하다. 〈물구나무종 선언〉은 식물이나 나무의 수동성을 오히려 약육강식의 현대문명을 넘어설 새로운 지혜와 윤리의 바탕으로 삼고자 한다.

〈물구나무종 선언〉의 모든 문장은 단정적인 주장이나 청유가 아니라, 질문의 형식을 취하고 있다. 그래서 더욱 이 겸손한 제안자의 목소리에 고개를 끄덕이게 된다. 물구나무선 인체의 뼈에서 수많은 뿌리들이 돋아나 뻗어가는 모습을 보고 있으면 내 몸도 조금씩 나무에 가까워지는 것 같다. '검은 태양'으로 대변되는 자본과 문명의 시스템으로부터 완전히 자유로울 수는 없지만, 그래도 돋아나는 새순처럼 서로에게 말을 건넬 수 있지 않겠느냐고 작가는 말한다.

아르코미술관에서 열린 전시 〈횡단하는 물질의 세계〉에서 염지혜의 작품들을 인상적으로 보았고, 집에 돌아와 〈물구나무종에게〉라는 시를 썼다. 녹화해 온 영상을 여러 번 재생해 들으며 〈물구나무종 선언〉을 받아적고, 여러 번 소리 내어 읽었다. 그러나 나는 이내 깨달았다, 물구나무종이 되기에는 내 몸과 정신이 너무 무거워졌다는 것을. 물구나무종이 살아가기에는 땅조차 너무 심하게 훼손되고 오염되어버렸다는 것을.

인간과 비인간의 경계 어디쯤에 불안하고 불편하게 자리잡은 물구나무종의 목소리는 땅을 파헤치고 뚫어대는 기계의 굉음에 묻혀 잘 들리지 않는다. 인간이라는 종의 한계를 넘어 다른 종이 되거나 다른 종을 향해 다가가는 노력은 그러한 고통과 위험을 감수하는 일이다. 그럼에도 불구하고 문명이 빚어낸 굉음과 냄새와 어둠과 비명을 조금이나마 줄여나가기 위해 물구나무종은 계속 선언되어야 한다.

캐나다의 인류학자 에두아르도 콘의 《숲은 생각한다》는 아마존강 유역을 중심으로 숲과 인간의 관계를 탐구한 책이다. 이 책은 인간만이 사유의 주체라는 전제를 과감히 해체하고 숲에 사는 다양한 동물들과 원주민 루나족이 사유하고 관계 맺는 방식에 주목한다. 콘은 루나족 원주민이 숲의 존재들과 대화하며 생태적 그물망을 이루고 있음을 보여줌으로써 '인간적인 것을 넘어선 인류학'을 제안한다.

그는 아마존강 유역에서 1,000여 개의 식물 표본과 600여 개의 동물 표본을 수집했지만, 이런 수집가로서의 노력이 숲의 존재들과 직접 교류하는 루나족의 방식과는 상당히 다르다는 걸 인정한다. 하지만 "우리가 재규어를 비롯한 여타의 살아있는 자기들―박테리아, 꽃, 균류, 동물―과 공유하는 것은, 우리가 주변 세계를 표상하는 방식이 어떤 식으로든 우리의 존재 자체를 구성한다"는 그의 말은 오늘날 우리에게도 여전히 유효하다. 세계를 표상하는 데 있어서 이제는 인간이 다른 부류의 존재들을 어떻게 바라보는가 못지않게 다른 부류의 존재들이 인간을 어떻게 바라보는가 하는 문제도 중요하다.

 인간이 숲을 생각하는 것이 아니라, 숲이 인간을 생각한다는 것은 어떤 것일까. 이 질문을 계속 밀고 나가다 보면 숲이나 강, 바다에 사는 존재들을 좀 더 깊이 이해하게 되지 않을까. 시인은 인간이 아닌 다른 존재에 대해 애니미즘이나 물활론적 시선을 지녀온 거의 마지막 종족이라고 할 수 있다. 시인은 새와 나무에게도 영혼이 있다고 믿고 그 존재들의 생각과 말을 이해하려고 애쓰며 인간의 언어로나마 받아 적으려 한다. 라이너 마리아 릴케는《두이노의 비가》에서 생명세계를 바라보는 지난한 과정을 이렇게 노래했다.

  생물들은 온 눈으로 열린 세계를 바라본다.
  우리들의 눈만이 거꾸로 된 듯하며

생물들 주변에 빙 둘러 덫처럼 놓여
생물들의 자유로운 출입을 가로막는다.
(……)
우리는 결코 단 하루도
꽃들이 끊임없이 들어갈 수 있는
순수한 공간을 앞에 두지 못한다. 항상 세계만 있을 뿐
(……)
언제나 피조물을 마주하고 있는 까닭에, 우리는
거기에 비친 바깥세상의 영상만을 볼 뿐이다,
우리가 침침하게 만든 영상을, 또는 어느 짐승이,
묵묵한 짐승이 머리를 들어 태연히 우리를 꿰뚫어 볼지도
모른다.

〈두이노의 비가〉 제8비가의 도입부에서 릴케는 생물들이 온 눈으로 열린 세계를 보는 것에 비해 인간은 어릴 때부터 동물이나 사물의 뒷모습만을 보아왔을 뿐이라고 탄식한다. '보는 법'을 부단

히 배우려 했던 릴케였기에 인간이 얼마나 제대로 보지 못하는 존재인지를 더 절실하게 느끼며 절망했을 것이다. "어느 짐승이, 묵묵한 짐승이 머리를 들어 태연히 우리를 꿰뚫어 볼" 때, "언제나 마주서 있는 것"이 우리의 운명이라고 그는 말했다. 모든 것을 보지만 그것을 넘어서지도, 정리하지도 못하는 구경꾼의 운명이라고.

> 그리고 우리는: 구경꾼들, 언제 어디서나
> 그 모든 것을 보며 결코 그것을 넘어서지 못한다!
> 그것들로 우리는 넘쳐난다. 아무리 정리해도 무너지고 만다.
> 우리는 그것들을 다시 정리하다가 따라서 무너진다.

마르크스 가브리엘은 《생각이란 무엇인가》에서 릴케의 이 시를 인용하며 그나마 시가 철학이나 과학의 냉철한 진술보다는 더 정확하게 말할 수 있다고 했다. 릴케가 박쥐나 모기의 체험에 대해 묘사한 대목을 두고 "시적 표현은 일련의 생각들이 더 명확하게 발설되도록 돕는다"고도 했다. 이제껏 의식적으로 파악할 수 없고 발설되지 못한 생각들을 꺼내놓는 시도라는 점에서 '시 쓰기'가 '생각하기'를 확장한다는 것이다.

 인간의 시선으로 박쥐나 모기를 바라보고 그에 '대해' 시를 쓰는 것은 비교적 익숙한 작업이다. 그러나 박쥐나 모기의 시선으로 인간을 바라보고 그 존재들이 '되어' 시를 쓰는 일은 생소한 모험이자 불가능한 시도에 가깝다. 자칫 손쉬운 의인화에 머무를 수 있고, 생명의 넘치는 활력을 한 줌의 관념적 언어로 가두는 일이 될 수도 있다. 이렇게 한계가 많은 구경꾼에 불과하더라도 그 존재들과 매 순간 '마주 서기'를 두려워하지는 않으려 한다. 릴케의 표현대로 "아무리 정리해도 무너지고" 말겠지만, 그 무너짐을 통해 우리 안의 완강한 인간중심주의 테두리도 조금씩 부서져 내리지 않을까. 물구나무종이 되려는 우리의 상상이나 선언도 이러한 '거꾸로 서기' '마주 서기'에서 시작되는 게 아닐까.

문 태 준

———————— Moon Tae-jun

1970년 김천에서 출생했다. 1994년 《문예중앙》 신인문학상으로 등단했다. 시집으로 《수런거리는 뒤란》《맨발》《가재미》《그늘의 발달》《먼 곳》《우리들의 마지막 얼굴》《내가 사모하는 일에 무슨 끝이 있나요》《아침은 생각한다》 등이 있다. 소월시문학상, 목월문학상, 정지용문학상, 무산문화대상 등을 수상했다.

그러할 리는 없겠지만 만약에

반딧불이가 모두 사라진다면
반딧불이의 불빛이 하나도 빠짐없이 다 꺼진다면
싱싱한 수풀은 곧 시들시들해지고
이슬은 쌀쌀맞은 모래알이 되어 내리리
달맞이꽃은 밤의 사랑을 기다리지 않으리
우리는 폐광이 된 얼굴을 알아보지 못해 서로를 외면하리
여름밤의 하늘은 찢어진 우산이 되리
어둠은 결코 깨어나지 못하리

자연의 시간

　제주시 애월읍 장전리 시골집으로 이사를 들어와 산 시간도 벌써 여러 해가 지났다. 흙과 나무와 하늘과 친밀감이 생겼다. 물론 도시에서 살 때보다 이웃들을 더 많이 사귀게도 되었다. 마음속에 여유와 다정함이 커졌다. 마치 초승달이 보름달로 빛을 채워가듯이.

　흙은 건강했다. 집을 짓느라 터를 고를 때나 이후에 밭을 일굴 때에 나는 흙 속에 사는 생명들을 무수히 보았다. 흙은 그 생명들의 집이었다. 흙 속에 수많은 생명이 살고 있었으므로 흙을 다룰 적에는 그 생명들을 위태롭게 하지 않으려고 애를 썼다. 흙에서 시간을 보낸 후에는 나도 건강한 흙을 닮아 피가 잘 돌고, 의지가 일어나고, 누군가에게라도 그 존재를 살려내는 좋은 토양이 되어야겠다는 생각이 들었다.

　나무들의 세계도 내 가까이에 있었다. 나는 여러 수종의 나무들을 보았다. 그 나무들에 깃드는 새들과 벌레들을 보았다. 그 나무들이 펼치는 시원한 그늘에 들어가 숨을 돌렸다. 나무들이 훤칠하게 자라고, 또 늦가을에는 낙엽을 떨어뜨리고 나목으로 겸손하게, 소박하게, 미련 없이 돌아가는 것을 보았다. 나무들이 떨어뜨린

낙엽들을 비로 쓸면서 내 집 주변에 많은 나무들이 뿌리를 내리고 있다는 것을 깨달았다. 나도 나무들과 더불어 살고 있고, 새들과 벌레들과 함께 나무에 깃들어 사는 한 그루 나무라는 것을 알게 되었다. 특히 귤나무나 한라봉 나무에 꽃이 필 때에 그 꽃의 색감과 향기는 아주 특별한 것이었다. 흰 꽃이 피면 그 향기는 마치 바닷물이 서서히 밀려서 들어오는 것만 같았다. 은은한 향기의 파도였다. 그렇게 향기가 밀려와 내 집 마당을 흥건하게 적시고, 툇마루를 적시고, 현관을 따라 안방까지 적셨는데, 그러면 모나고 서두르던 마음이 조금은 부드러워지고 마음의 여유도 생겨났다. 사람들 사는 세상에는 화장품에 향을 첨가하는 조향사들이 있듯이 귤나무나 한라봉 나무는 말하자면 전문적인, 자연의 조향사들이었다.

    화초와 작물들은 매력적이었고 왕성한 생명력을 보여주었다. 작년에 피었던 달맞이꽃은 올해에 더 많은 꽃봉오리로 더 많은 꽃을 피웠다. 마치 보름달의 빛이 하나하나의 꽃 속에 빠짐없이 들어앉은 듯이 달맞이꽃은 매우 환했다. 그 꽃의 여리고 밝은 빛깔은 고단한 하루를 보낸 이들을 위로하는 것처럼 느껴졌다. 해바라기도 마찬가지로 작년에 이어 피었다. 둥근 타원형 꽃에서 꽃씨가 땅에 떨어져 꽃씨를 심지 않은 곳에서도 자연 발아해 싹을 틔우더니 한여름에는 의젓한 대장부처럼 서 있었다. 태양의 광파(光波)를 사모하는 해바라기의 열정은 무더위와 장마에 아랑곳하지 않고 열심히 정진할 것을 권하는 말씀처럼 여겨졌다. 수박 모종도 처음으로 심었다. 수박이 다 익으면 가족들과 툇마루에 둘러앉아 내 인생 처음으로 재배한 수박을 나눠 먹을 것이다.

화초와 작물을 가꾸는 일은 생명의 활동을 돕는 일이어서 어쨌든 선의를 갖고 하지 않고서는 안 될 일이다. 예를 들면 북을 돋우는 일도 그러한데, 식물의 뿌리를 싸고 있는 흙을 더 도톰하게 높게 돋우는 일은 그 식물의 성장을 돕겠다는 선의가 없다면 단지 고된 일에, 고역에 그치고 말 것이다. 그러므로 화초와 작물을 가꾸는 일은 선의를 확장하는 일이기도 하다. 게다가 화초와 작물 주변에서 자라는 풀들을 뽑고 있으면, 물론 이 일은 부지런하지 않으면 하기도 어려운 일이거니와, 잡념이 사라지고 어떤 안정과 평화와 맑은 희열이 생겨난다. 언젠가 중학교 교사로 재직하고 있는 분이 말하길, 당신은 집으로 돌아오면 일하는 허름한 옷으로 갈아입고 텃밭으로 바로 들어가게 된다면서 이 일은 스스로 행복하게 자초하는 것이라고 했는데, 나는 그 분의 말씀을 들으면서 정말이지 그러하다고 곧바로 동의를 한 적이 있었다.

    자연과 어울려 자연 속에서 살 때에 자연의 시간은 사람에게 좀 더 유연할 것과 과욕을 버릴 것과 자애를 갖출 것을 제안한다. 이것은 자연의 살림이 스스로 보여주는 가치이기도 한데, 가령 자연의 살림은 곧은 것과 기울어진 것을 함께 보여주고, 꺾이지 않은 것과 굽은 것을 함께 보여주고, 낮은 곳에도 높은 곳에도 자리를 잡으며, 생겨나는 것과 사라지는 것을 무심한 듯 내보인다. 뿐만 아니라 훼손되지 않은 곳으로도 사람을 이끌어 간다. 예를 들어, 반딧불이는 나를 원시의 자연, 깨끗한 자연 쪽으로 데려가는데, 그것은 내 생명이 잉태하고 의지하는 그 어떤 처음의 자리, 순수한 본래의 것에 대해 깊게 생각해 보도록 한다. 이러하니 나는 자연 속에서, 하나의 작은 자연이 되어 자연의 시간을 살 때에 그 어떤 근본 성품의 자리를 살펴보게 되는 것이니 오늘도 흙과 나무에게 다가가게 된다.

장 철 문

Jang Cheal-mun

1994년 《창작과비평》을 통해 작품활동 시작. 시집 《바람의 서쪽》《산벚나무의 저녁》《무릎 위의 자작나무》《비유의 바깥》, 동시집 《자꾸 건드리니까》 등. 백석문학상, 서정시학상 등 수상. 현재 순천대학교 문예창작학과 교수.

달에 간 손

달이 베란다 가까이 와서 창 안쪽을 기웃거렸다

할매가 하늘에 떠 있느라고 애쓴다고 쓰다듬어 주었다
나는 매일 지구를 도느라고 애쓴다고 쓰다듬어 주었다

나한테 달까지 뻗을 손이 있다는 게 놀라웠다

나물 캐러
산에 가지 않는다

복수초가 땅을 뚫고 올라왔다. 그러나 예전처럼 기대에 부풀지는 않는다. 미세하게 변해가는 산빛을 고개 들어 자주 바라볼 뿐이다. 나는 어머니를 따라 고사리와 취나물을 뜯으러 산을 타고, 어서 밤 주우러 안 가느냐는 할머니의 채근에 새벽잠을 설치며 자랐다. 까닭에, 봄 산나물을 캐고 가을 견과류를 줍는 재미가 몸에 익었다. 그 설렘의 시작은 이때부터다.

머위 싹이 촉을 터트려 흙을 봉곳이 밀어 올릴 때, 제피나무가 오목눈이 발자국 같은 새순을 쫑쫑거릴 때, 취나물이 등성이에서 젖은 가랑잎을 들어 올릴 때 자그만 배낭을 메고 가까운 산에 들곤 했다. 아내와 함께, 아이와 함께, 이웃과 함께, 때로는 호젓이. 그것이 봄날의 기쁨이고, 보람이고, 자랑이었다. 그러나 서너 해 전부터 그것이 연애처럼 시들해졌다.

나이 탓만은 아니다. 숲세권이라는 말이 생기면서 산자락을 차지하고 들어선 아파트 덕에 기슭의 머위밭이 하나둘 사라졌다. 눈여겨 보아둔 머위밭이 아예 없는 것은 아니지만, 언제부턴가 어린 머위 순의 밑동으로 칼끝을 밀어 넣는 일이 야만처럼 느껴지기 시작했다. 흔하던 머위가 드물어지면서 그 순을 취하는 일이 자연을 훼손하는 행위가 되고, 남의 땅에 자라는 것을 함부로 취하는 염치 없는 짓이 되었다. 산자락에 떨어진 밤을 주워다가 아이와 함께 구워 먹는 일이 다람쥐의 먹이를 갈취하는 몰상식한 일이 되었다.

　물론 내가 모범적인 시민이 되기 위하여 머위를 캐지 않는 것만은 아니다. 산중에서 자란 탓에 철을 알아 나물을 캐고, 밤과 도토리를 줍는 것이 부지런이고 미덕이며, 밥그릇에 밥알을 묻혀 남기는 일이 태만이고 죄악이라는 관습을 몸에 익혔고, 서너 해 전까지만 해도 그 여운 속에 살았다. 이제 굳이 눈치를 살펴가며 그 일을 하고 싶지 않을뿐더러 그렇게 해서 나물을 무치고, 묵을 쑤는 일이 입맛이 돌고 기운 나는 일이 아니게 된 것뿐이다. 저절로 자라는 머위나 쑥, 냉이 같은 것들도 콘크리트와 아스팔트에 구획되어 푸석푸석해진 땅에 뿌리를 내리고 매연에 시달리면서 씹히는 맛도 향도 요즘 사람들의 성정만큼이나 거칠어졌다.

　뿐만 아니다. 오월이면 입에 상긋하고, 코에 향긋한 산미나리가 나풀거리는 골짜기를 알고 있었는데, 몇 해 전에 가니 그 자리에 전원주택을 짓는다고 포크레인이 땅을 헤집고 있었다. 그 뒤로는 그 골짜기에 가는 일이 없어졌다. 굳이 산미나리가 아니더라도 거기로부터 산복숭아꽃을 곁눈질하며 더 올라가서 통통한 다래 순을 따오고 싶은 마음이 슬그머니 고개를 들어 그 이듬해까지 발걸음을 하기는 했다. 그런데 그 산복숭아나무들도 모자라졌을 뿐 아니라 드문드문 돋아난 다래 순도 비쩍 말라서 탐이 나지 않았고, 왠지 전원주택에서 내다보고 허락도 없이 사유지를 드나든다고 한 소리할 것 같아서 뒤가 무거웠다.

취나물도 마찬가지다. 발에 채는 갈잎 밑에서 흙냄새가 올라오는 등성이를 여러 해 마음에 괴어두고, 때가 되면 올라서 코를 후비는 취나물에 홀려 걸터듬던 산이 있었다. 어느 해 가니, 골짜기 전체가 벌목이 되고 길이 나서 산이 메말라 있었다. 옹색하게 남겨진 참나무밭마저 주변의 숲을 잃으면서 발끝에 채는 가랑잎과 흙덩이가 푸석거려 먼지가 일었다.

그 뒤로도 물 빠짐이 좋은 비탈이면 어디든 뿌리를 내리고 잘 자라는 제피나무의 순을 뜯어다가 장떡을 붙이기는 했지만, 한 해가 다르게 변해가는 식물대에 마음 한쪽이 휑한 것이 영 마뜩잖았다. 까닭 모르게 말라 죽어가는 나무가 늘어나고, 그 자리에 드러난 하늘을 보고 잎 넓은 상록수들이 자라고 있었다. 이상기온 때문만이라고는 할 수 없다. 좌우로든 상하로든 직선으로 쭉쭉 뻗어가는 도로들이 뚫고 자르면서 산은 더 이상 자연적으로 습기를 머금지 못하게 되었다. 눈에 보이지 않는 수맥이 잘리면서 그만큼 생장이 어려워진 것이다. 비와 바람에 섞인 것이 달라지고, 기후가 변하면서 번성하는 곤충과 세균, 박테리아가 달라졌다고도 읽었다.

최근 몇 년 사이에는 태양광 패널이 빠르게 산비탈과 묵정밭을 점령했다. 전·현직 한전 직원이나 그 가까운 사람들, 혹은 개발의 제한을 피할 절호의 기회로 삼으려는 땅 주인들이 발 빠르게 정부지원금을 받고 움직인 것이 그 확산에 한몫했다는 소문이 사실인지는 모르겠다. 태양광 패널의 무분별한 설치가 산사태를 부르고, 숲과 농지를 망쳤다는 뉴스도 한차례 지나갔다. 그만큼 시공과 관리를 철저히 하기 때문에 그런 일은 더 이상 일어나지 않는 것인지는 확실하지 않다. 지속가능한 에너지원을 확보하자고 숲을 베어 넘기고 산을 깎아내린 것이 앞뒤가 맞지 않다는 것만은 분명하다.

엊그제는 탄핵 심판의 뉴스 홍수에 섞여 해제할 수 있는 개발제한구역을 확대하겠다는 대통령 권한대행 명의의 발표가 있었다. 뉴스에는 그 면적이 42km², 여의도 면적의 9배이며, 경제적 효과는 제한적일 것이라는 코멘트가 붙었다. 여당이 소수당이 되어 못 해먹겠다고 뜬금없는 계엄령을 선포한 대통령을 대행하는 경제부총리 겸 기획재정부장관은 코리아 디스카운트를 지속가능하게 하는 것이 분명한 이 정치적 불확실성의 경제적 역효과를 그린벨트 해제를 통해 돌파할 수 있다고 믿는 것일까? 아니면, 뒷세대의 추상적 재산권 침해는 법적으로 허락을 구할 필요가 없을뿐더러 차분한 토론은 추진력에 방해가 될 수 있으니 이 위기의식을 발판으로 경제만이라도 살려보자고 굳은 표정으로 밀어붙여보는 것일까? 그것은 알 수 없지만, 이 정치적 불확실성 속에서도 불가침의 '성장' 신화가 역설적으로 추동력을 얻고 있는 것만은 확실하다.

이 글을 써가던 와중에 나는, 두들기던 키보드와 껌벅이는 화면의 커서를 뒤로 하고 집을 나선다. 쓰라는 분량은 이미 채웠으니,

몇 문장만 더 쓰면 끝이라는 속삭임을 다독여, 방향을 정한 마음을 따라 긴장한 몸이 하자는 대로 가늠 없이 밀어붙이다가는 일이 수습하기 어려운 지경에 이르기 십상이라고 타일러, 한숨 돌리자고.

　　옛 고개 밑으로 뚫린 산업도로의 터널을 버리고, 여기 이런 길이 있다는 것을 아는 사람이 드문, 옛 고갯길을 타고넘는 구도로를 따라 봄비 속으로 가면서, 이 도로를 숲으로 복원하거나 재생에너지 시설을 세우는 데 활용할 수는 없을까 하는 생각이 일어난다. 더 이상 차도 사람도 다니지 않은 길에 서서 혹시 관련된 기사는 없는지 검색해 본다. 도로공사에서 영동선 137.5km 지점 5km^{2}의 버려진 폐고속도로에 태양광 패널을 설치하고 이태리포플러를 심었고(《경향신문》, 2013.04.04.), 아산시가 장항선 폐철도 10.4km 구간에 태양광 시설을 갖춘 자전거·보행자 도로를 완공했다(《세계일보》, 2019.06.25.)는 기사가 있다. 옛길이 끝나는 곳에서 다시 쭉쭉 뻗어나간 고속도로에 밀려 차가 드물어진 산업도로로 나오면서 갖가지 용도로 곳곳에 설치된 펜스를, 도로 가의 방음벽을, 중앙분리대를 태양광 패널로 만드는 기술은 없는 것일까 궁금해진다. 그 역시 이미

현실화했다는 기억이 되살아나고, 그 기술은 왜 널리 활용되지 않는 것인지 궁금해진다. 수익성 때문일까, 규제 때문일까, 대왕고래나 마귀상어 프로젝트와 같은 정치적 효과가 없어서 그 지원 예산을 확보하기 어렵기 때문일까, 생각은 더 나아가기 어려운 지점에 이른다.

나는 성장 신화의 옳고 그름을 따지는 고도의 정치 논쟁에 끼어들 만큼 역사적 진화적 안목과 미래 기획을 갖고 있지 못하다. 그럴진대, 격에 맞게 산나물 얘기로나 돌아가야겠다. 자기 구도의 완결에 이르려는 일방향의 추진력은 자주 파국에 이르게 된다.

올해는 한나절쯤 배낭은 놓아두고 검은 비닐봉지나 하나 허리에 차고 제피 순을 따러 가야겠다. 사유지의 침범이 된다면, 마을의 끝 집에 들러서 제피 순 몇 줌만 따가겠다고 말하고 산에 들자. 붉은오목눈이 혓바닥 같은 제피 순을 뜯어 담으면서 내 야만의 유습과 문명의 양심이 서로를 기댈 언덕 삼아 겯고트는 것을 들여다보자. 일어나는 야만에 대한 의심을, 성장에 대한 의문을, 인구감소는 곧 쇠락의 길이라는 담론에 대한 회의를, 일어나는 그 자리에서 들여다보자.

이렇게 스스로 정해보아도, 산나물에는 여전히 흥미가 일어나지 않는다. 그렇기는 해도, 이제 막 여린 가지를 뚫고 촉을 내미는 제피 순을 가시를 피해 뜯어 담는 야만 속에서, 두어 줌은 장떡을 붙여 반찬을 삼고, 두어 줌은 삼겹살을 싸서 입속에 밀어 넣는 탐욕 속에서 산나물과의 작별과 재회라는 딜레마를, 그 부질없는 망상의 회오리를 들여다볼까? 여하튼,

지금 봄비와 뒤섞인 안개 속에 비탈의 나뭇가지에 연둣빛이 돈다. 그 연두를 반기는 마음이 지금 일어나고 있다.

손 택 수

———— Son Tack-su

1998년 《한국일보》 신춘문예 당선.

내 시의 저작권에 대해
말씀드리자면

구름 5%, 먼지 3.5%, 나무 20%, 논 10%

강 10%, 새 5%, 바람 8%, 나비 2.55%, 먼지 1%

돌 15%, 노을 1.99%, 낮잠 11%, 달 2%

(여기에 끼지 못한 당나귀에게 대단히 미안하게 생각함)

(아차, 지렁이도 있음)

제게도 저작권을 묻는 일이 가끔 있습니다 작가의 저작권은 물론이고 출판사에 출판권까지 낼 용의가 있다고도 합니다 시를 가지고 단편 애니메이션을 만들겠다고 한 어느 방송국 피디는 대놓고 사용료 흥정을 하기까지 했답니다 그때 제 가슴이 얼마나 벌렁거렸는지 모르실 겁니다 불로소득이라도 생긴 양 한참을 달떠 있었지요 그럴 때마다 참 염치가 없습니다 사실 제 시에 가장 많이 나오는 게 나무와 새인데 그들에게 저는 한 번도 출연료를 지불한 적이 없습니다 마땅히 공동저자라고 해야 할 구름과 바람과 노을의 동의를 한 번도 구한 적 없이 매번 제 이름으로 뻔뻔스럽게 책을 내고 있는 것입니다 저는 작자미상인 풀과 수많은 무명씨인 풀

벌레들의 노래들을 받아쓰면서 초청 강의도 다니고 시 낭송 같은 데도 빠지지 않고 다닙니다 오늘은 세 번째 시집 계약서를 쓰러 가는 날 악덕 기업주마냥 실컷 착취한 말들을 원고 속에 가두고 오랫동안 나를 먹여 살린 달과 강물 대신 사인을 합니다 표절에 관한 대목을 읽다 뜨끔해하면서도 초판은 몇 부나 찍을 건가요, 묻는 걸 잊지 않습니다 알량한 인세를 챙기기 위해 은행 계좌번호를 꾸욱 꾹 눌러 적으면서 말입니다

• 《나무의 수사학》(실천문학사, 2010)의 글을 재수록.

1.55℃의 텐트와 부채

눈이 묵직했다. 물 먹은 솜이불 같은 습설이었다. 데크를 설치한 산책로 주변에 부러지고 꺾이고 찢어진 가지들이 처참한 전장을 방불케 하였다. 활엽수들과 달리 좋아하던 소나무들의 피해가 유난했다. 침엽마다 그 무게를 다 감당해야 했으니 버티기 더 힘들었을 것이다. 나무들의 고통이 대기 중에 폭발적으로 증가한 수증기량과 지구 온난화의 결과라고 생각하니 난방 온도를 높이는 게 마냥 편치가 않다.

1.5℃. 2015년 유엔기후변화협약총회에서 전 세계 195개국이 서명한 지구 평균온도 상승 억제 목표였다. 2024년에 1.55℃로 상승하면서 마지노선이 무너졌다. 인류의 존폐를 위협하는 숫자에 나도 한몫 거들었을 것이다. 그렇지 않아도 난방비에 전전긍긍하고 있던 참, 내가 꺼내든 건 내복과 텐트였다. 아파트 거실에서 야영을 한다는 기분으로 식구들을 설득했다. 실내 온도를 17도로 맞춘 뒤 온수 주머니를 품고 들어가면 서로의 체온까지 더하여 텐트 안이 아늑한 게르로 바뀐다.

'몽골 사람들은 도시에 정착한 뒤에도 게르를 포기하지 않는

다고 해. 현대식 주택 옆에 게르를 치는 거지. 우리에게도 유목민의 피가 흐르고 있는 거 아닐까.'

'그럼 여기가 몽골 초원이란 말이지?'

지구 온난화의 심각성 대신 이런 농을 주거니 받거니 하다 보니 평소의 불면증도 한결 가벼워지는 걸 느낀다. 밖엔 눈보라가 치고 지붕은 쿨룩거리는데 서로를 껴안고 체온을 나누던 유년 시절의 겨울밤으로 되돌아간 듯도 하다. 무찌르고 물리치며 어떻게든 피해야 할 혹한이 그렇게 조금은 다정해졌다.

돌이켜보면 계절과 나의 관계가 처음부터 불편했던 것만은 아니었다. 적어도 나는 어떤 계절이든 선입견 없이 날씨와 혼연일체가 되어 뛰어놀던 시절의 기억을 꽤나 오래 간직하고 있었다. 비가 오면 비가 오는 대로 장화를 신고 웅덩이의 물을 팍팍 엎지르며 가던 아이가 아직 남아 있어서 궂은 날은 궂은 날의 환희와 쾌감을 발견하는 눈을 잃지 않고자 무던히 애를 썼다. 그 눈이 바로 시였다. 시를 쓴다는 건 저마다의 계절들이 지닌 차이를 놓치지 않으면서 해마다 찾아오는 반복을 늘 새롭게 경험한다는 것이었다. 그래서 누군가 계절 중 어느 계절이 좋으냐고 물으면 나는 모든 계절이 다 아름답다고 답하곤 하였다.

그런 계절이 툭하면 신경질과 짜증, 오늘은 또 무슨 변덕을 부릴까 만나기 전부터 사전 정보 파악을 해야 하는 관계로 전락한 건 모든 우정이 그러하듯이 내 탓이 컸다. 나는 숱한 자연의 비유를 빌려와 시를 쓰고 책을 출간하고 방방곡곡 부르는 곳이면 어디든 강연을 다니며 어엿한 작가 대접을 받았으나 그에 대한 책임을 지지 않았다. 아름답고 새로운 표현을 찾아 산천을 주유하면서도 정작 이 행성에 찾아온 위기에 대해선 애써 눈을 감았다. 요컨대, 내겐 나무를 베어 만든 종이를 습관적으로 사용하는 시인이라는 관습이 당연한 제도로 작동되고 있었다. 거기엔 어떤 부끄러움이나 죄의식, 무엇보다 고통이 없었다.

고통이 없는 사랑은 피상적이어서 소비되기에 좋은 감정이다. 안전하고 평화롭지만 불편이 없는 탈감정 상태의 문제의식은 부담스럽지 않게 매대에 오르는 상품이 된다. 그때 진짜 감정들과 감각들은 소외된다. "고통에 대한 감각이 마비되었다. 이것이 위험스럽다. 왜냐하면 그것이 뜻하는 것은 피와 고통을 통하여 인간을 구제하는 것이 이제 더 이상 가능하지 않다는 것이기 때문이다. 아, 기막힌 시대이다!" 타르코프스키 감독의 일기 《시간 속의 시간》에 나오는 이 구절 앞에 먼저 부끄러워해야 할 것이 나의 시가 아니었던가.

겨울의 습설은 여름의 습한 무더위로 이어질 것이다. 무더위에 미세먼지까지 더해지면 코로나 기간을 거치며 일상화된 마스크를 방독면처럼 끼고 다녀야 할 것이다. 내게서 나오는 구취를 못 견뎌 하며 중간중간 마스크를 벗고 숨을 쉴 땐 모자란 산소를 보충하기 위해 수면 위로 올라와서 허겁지겁 아가미를 벌렸다 다무는 잉어처럼 내 꼴이 문득 비감스럽기도 하겠지. 위기가 지속되면 일종의 생활양식이 되는 법. 디스토피아도 일상이 되면 견딜만 해져서 휴대용 산소캔을 준비하고 공기청정기를 돌리며 에어컨을 찾아 카페를 전전하는 버릇들을 어찌할 수 없는 당대의 풍경으로 받아들이겠지. 그때 잠시 정지의 장면이 스친다. 의식의 퓨즈가 나가는 소리다.

어느 여름이었다. 시청 옆 스타벅스 밖의 실외기가 사납게 돌아가고 있었다. 실내의 쾌적을 유지하기 위해 열기를 광장으로 토해내느라 거침이 없는 실외기와 따가운 매미 울음소리에 뇌 경계가 폭발 직전까지 간 것 같았다. 그 곁에서 유리벽을 닦는 청소 노동자가 한창 작업 중에 있었다. 그의 등짝을 흘러내린 땀이 작업복을 빨래처럼 흥건하게 적셔놓았는데 실외기의 더운 바람이 악담을 퍼붓듯 그에게로 불어가고 있는 것이었다. 실외기 쪽을 피해 돌아가면서 문득 나도 저 혼자 좋으면 그만인 저 에어컨을 닮아가는 것이 아닌가 싶었다. 땀을 뻘뻘 빙하가 녹아내리거나 말거나. 온열질환 노동자가 쓰러지거나 말거나. 지구 곳곳의 대참사들을 오직 뉴스로만 소비하며. 나에게 과연 희망이 있는가.

    그런 생각을 하며 탑골공원 쪽으로 내려왔다. 이번엔 나무 그늘에 앉아 부채질을 하고 있는 노인이 눈에 들어왔다. 그 옆의 노인이 벗의 부채 바람을 공으로 누리면서 이야기를 나누고 있었다. 곁에 사람이 있는 게 부담스러워지는 온도였으나 벗의 수고를 덜어주기 위해 부채를 바꿔 드는 노인들 사이엔 에어컨으론 느낄 수 없는 바람이 흐르고 있는 것 같았다. 그 바람은 여백과 침묵을 아는 바람이었다. 여백과 침묵이 수다스럽기만 한 에어컨으론 결코 느낄 수 없는 미약한 바람을 살아있게 하는 것이었다.

그러고 보니 내게도 담양에서 보내온 대나무 쥘부채가 있다. 어쩌다 느린 부채질을 하면 아주 시원하진 않은데 뭔가, 다른 것이 불어온다. 지구에 민폐 끼치지 않는다는 느낌이 좋고, 송전탑이나 전기의 도움 없이 내 힘으로 바람을 일으킬 수 있다는 게 적잖이 놀랍기도 하다. 그때 잃어버린 감각이 깨어난다. 가난하지만 지구의 숨결이 나를 스쳐 간다. 누가 곁에 있다면 이 바람을 나눠줄 수 있으련만, 수평선을 넘는 범선처럼 펄럭일 수 있으련만. 담양에서 온 부채를 쥐자 여름과의 친교가 되살아난다. 겨우 찾아낸 나의 오래된 미래다.

문득 나도 저 혼자 좋으면 그만인 저 에어컨을 닮아가는 것이 아닌가 싶었다. 땀을 뻘뻘 빙하가 녹아내리거나 말거나. 온열질환 노동자가 쓰러지거나 말거나. 지구 곳곳의 대참사들을 오직 뉴스로만 소비하며.

이 재 훈

——————————— Lee Jae-hoon

1998년 《현대시》로 등단. 시집으로 《내 최초의 말이 사는 부족에 관한 보고서》《명왕성 되다》
《벌레 신화》《생물학적인 눈물》《돌이 천둥이다》, 저서로 《현대시와 허무의식》《딜레마의 시학》
《부재의 수사학》《징후와 잉여》《환상과 토포필리아》. 에세이집 《그리워하는 직업을 가졌을 뿐
인데요》, 대담집 《나는 시인이다》가 있다. 한국시인협회 젊은시인상, 현대시작품상, 한국서정시
문학상, 김만중문학상을 수상했다.

마그마

선베드에 누워 영화를 본다.
탁자 위 와인잔이 흔들리고
콜라병이 굴러 떨어진다.
아무도 모른다.
매일 파티를 열고
바다와 숲에 들어가 날뛰는 것들의
힘줄을 만지고 맑은 공기를 마신다.
아무도 모른다.
깊은 땅속의 체온과 열기를.

절벽을 내딛는 한 사람.
동굴을 헤매는 한 사람.

나는 차갑고 딱딱한 존재였는데
이젠 녹고 녹아 뜨거워 울부짖는다.
그을린 몸으로 붉은 액체를 토해낸다.

아무도 모른다.
내게 퍼부었던 썩은 물들을
당신들에게 되돌려주기 위해 더 뜨겁게
온몸을 달군다.
아무도 모른다.
육지를 가르고 바다를 옮기려
땅속에서 울부짖는 것을.
온몸으로 각혈하고 소리치는 것을.
아무도 모른다.

나를 찾기 위해
절벽을 내딛는 한 사람.
동굴을 헤매는 한 사람.
아무도 기억하지 않는다.

당신이 그토록 외경하는

푸른 초목과 신선한 공기와 물.
죽은 껍질을 두르고 벼랑 끝을 걷는 사람들.
아무도 모른다.

이상기후
신기록 제조의 시대

〈지구를 닦는 남자들〉이라는 예능 프로그램이 있다. 5명의 남자들이 몽골에 가서 나무를 심는 내용이다. 김석훈, 권율, 신재하 배우들과 짠돌이 개그맨 임우일과 여행 유튜버 노마드션이 멤버이다. 김석훈 배우가 하는 유튜브 '나의 쓰레기 아저씨'는 평소 재밌게 보고 있던 유튜브였다. 털털한 아저씨 콘셉트로 쓰레기를 줍고 다니고 저렴한 구내식당을 다니는 콘텐츠다. 주로 오지만 찾아다니는 노마드션도 평소 자주 보고 좋아하는 여행 유튜버이다. 예능의 출발은 김석훈 배우의 말에서 출발했다. "불필요한 소비는 쓰레기다." 이들은 몽골에서 쓰레기를 줍고 다니고 푸르공을 타고 엘승타사르해 사막에 가서 나무를 심는다. 이 예능은 최소한의 삶을 사는 몽골 유목민들의 이야기이며 몽골 체험기이다. 또한 이상기후가 가장 극심한 몽골의 변화를 잘 보여준다. 폭우를 감당하지 못하고 개울처럼 물이 흥건한 초원을 보고 있으니 이상 기후가 실감이 난다. 패널로 나온 송은이 씨는 "아름다운 별을 계속 보기 위해서는 환경에 대해 매일 생각하는 사람들이 있어야 한다"고 말했다. 기억에 오래 남는 말이다.

나도 여러 해외 여행기 중에 가장 잊히지 않는 여행으로 몽골을 꼽는다. 열흘 동안 게르를 옮겨 다니며 고비사막과 판공초 호수를 전전했다. 몽골이 좋은 이유는 딱 하나. 쏟아지는 별과 은하수, 그리고 원시의 자연, 옥빛의 염호. 자연이 주는 감동은 여행의 불편함을 압도했다. 언젠가 꼭 다시 가리라 마음을 먹었다. 그런데 몽골도 이제 이상기후로 힘들다.

세계 곳곳에서 이상기후의 신기록은 계속된다. 최저기온과 최고기온. 세계기상기구(WMO)는 지구표면 온도가 향후 5년 동안 산업화 이전 시기보다 1.9℃도까지 상승한다고 발표했다. 가장 빠른 속도로 지구는 뜨거워지고 있다. 지난해 허리케인 바릴은 시속 270킬로의 강풍으로 중남미를 파괴했다. 지난 100년간 가장 강력한 허리케인으로 기록되었다.

이상기후에는 신기록밖에 없다. 모두 최악의 위험 기록들이다. 대한민국도 예외는 아니다. 2024년 5월에는 하루 동안 제주에 950밀리의 비가 내렸다. 기상 관측사상 5월 강우 중 최고 기록이다. 54일간 폭우가 내렸으며 꿀벌들이 사라지고 있다. 벌이 사라지니 과일이 열리지 않고 농작물이 자라지 않는다. 바다의 온도가 올라가 양식업이 큰 피해를 보고 있다. 각종 재난이 끊이지 않는다. 태풍과 홍수와 지진과 폭설이 계속되고 있다.

    2002년 몽골에는 폭설과 추위가 계속되는 이상기후가 닥쳤다. 1,000만 마리의 가축들이 죽었고 10만여 명의 유목민들이 난민이 되었다. 파묻어야 했다. 몽골 정부는 서방세계와 각종 국제기구들에게 기금을 요청했다. 하지만 기금은 크게 거둬지지 않았다. 2030년이 되면 대한민국 국토 5.8%가 물에 잠긴다. 330만 명이 이재민이 된다. 기후학자들의 예견이다. 하지만 아무도 위험성을 크게 느끼지 않는다.

    앞으로 우리 공동체가 공동의 목표로 삼아야 할 가장 강력한 담론은 기후 위기이다. 기후 위기는 우리의 목숨이 달린 문제이기 때문이다. 무엇을 해야 할까. 작은 실천들은 도처에 널려 있다. 재활용 쓰레기를 잘 분리하고, 쓰레기를 버리지 않고, 텀블러를 사용하고, 플라스틱을 쓰지 않는 것. 노력을 한다고 하는데 쉽지 않다. 우리의 일상은 이미 이런 실천을 올곧게 하기 힘들어졌다. 배달 음식만 시켜도 플라스틱과 쓰레기가 한가득이다.

가장 중요한 문제는 위기에 대한 인식이다. 위험을 인식하지 못하고 당장 눈앞의 것들만 생각한다. 우리 국가 시스템은 모든 에너지를 총동원해서 이 문제를 대비해야 한다. 우리 모두가 작은 실천부터 해나가야 한다. 모든 문화 콘텐츠들이 기후 위기에 관심을 가졌으면 좋겠다. 이미 영화, 드라마, 예능 등이 나오고 있지만 더욱 대중들의 관심을 끌 수 있는 콘텐츠들이 끊임없이 생산되어야 한다.

기후 위기가 닥치면 가장 힘든 계층들은 서민들이다. 사회적 약자층은 더욱 힘들어진다. 기후난민이 엄청나게 늘어난다. 앞으로 닥칠 기후난민들의 고통을 생각하면 끔찍하다. 자연을 돌보고 사람을 돌보고 앞으로 닥칠 위기를 돌보는 돌봄의 상상력이 그 어느 때보다 필요하다.

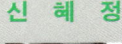

Shin Hye-jeong

2001년 《서울신문》 신춘문예 등단. 시집 《라면의 정치학》, 산문집 《왜 아무도 나에게 말해 주지 않았나》 《흐드러지다》.

붉은 꽃이 있는 정물
– 반 고흐의 수채화 풍으로

여기
붉은 들장미
루드베키아
수선화
쑥부쟁이
도라지꽃…

치열한 세계가 놓여 있다
환하게 열린
짧은 아찔함으로

아무렇게나 놓인 꽃들의
아무렇지 않은 향기처럼

무심하고 환하게 오늘,
그리고 아침

수채화 물감을 풀어 놓은 듯
점점,
점,
화룡점정
창이 가둬 놓은 순간의
하늘

어쩌면,
오늘은.

　　사건의 지평선은 블랙홀의 경계라고 간단히 말할 수 있다. 모든 것을 빨아들이는 '암흑'이자 공간인 블랙홀은 모든 것을 빨아들이면서 점점 팽창하고 새로운 세계를 형성한다. 사건의 지평선에 다가가면 빨려 들어가지 않을 재주가 없다. 천체를 보는 학자들은 이러한 블랙홀이 수천 개에서 수만 개에 이른다고 밝힌다. 블랙홀은 우리 태양계의 '태양'과 같이 무거운 별이 수명을 다했을 때 붕괴하면서 일어나는 물리적 현상인데, 그 내부의 빛을 바깥에서는 관측할 수 없어 관찰자로서는 그 안의 일을 알 수 없고 그저 암흑과도 같기 때문에 붙여진 이름이다.

　　수명을 다한다는 것은 '죽음'일 것이다. 인간도 지구도 우주도 별도 모두 수명이 있다. 그 수명은 각각 달라서 인간의 머리로 헤아릴 수 있는 몇십 년, 몇백 년에서부터 수천수백 년, 수만 년에 이어 도저히 헤아릴 수 없는 '영원'에까지 도달한다. 우리는 별의 시간을 헤아릴 경험과 머리를 갖고 있지는 못한 것 같다.

　　나는 아침에 일어나면 먼저 거실의 창가에 앉아 햇살이 얼굴을 비추도록 그냥 둔다. 빛의 방향으로 눈을 지그시 감은 채로 태양을 마주하며 내 몸이 하루를 살 자양을 얻는다. 해로부터 그러한 에너지를 얻을 수 있다는 것이 얼마나 신기한 일인지, 햇살이 온몸에 꼼꼼하게 닿는 순간을 가만히 느끼는 것을 좋아한다.

이제 간밤의 숙면에서 육체가 조금 깨어나면 소형 그라인더에 약배전으로 볶은 에티오피아산 원두를 곱게 갈아 필터에 채운다. 한소끔 끓은 물을 일정 시간 식힌 후 필터에 부어 가며 거실에 커피향을 가득 채운다.

특별한 경우를 제외하면 오늘 날씨가 어떠할지, 미세먼지 농도가 어떨지, 오존주의보는 없는지, 안개가 끼거나 비가 오지는 않을지, 운전을 할 예정인데 길이 막히지는 않는지를 미리 보지 않는 편이다. 아침 햇살이 들어오는 거실에서 커피 한 잔을 마시며 그 시간에 숨을 쉬고 살아 있다는 것에 우주적인 감사의 마음을 갖고자 하는 편이다. 지금도 지구는 자전을 함과 동시에 태양의 주위를 돌고 있을 것이고, 태양은 적절한 거리에서 지구에 빛과 다양한 에너지를 보내고 있고, 그 진화의 에너지 주변을 내가 살아가고 있다는 그 기막힌 우연을 생각하는 것만으로도 하루를 살아갈 이유가 된다.

영원의 역사 가운데 극히 일부의 시간과 공간을 살아가게 된 인간은 모든 세계(지구의 경우)를 인간의 방식대로, 인간 위주로 설계하고 조종하는 데 몰두해왔다. 현대의 문명이 그것을 가속화하고 있음은 자명한 사실이다. 생물종의 다양성이 위협받으며, 지구의 온난화는 가속화되고 있으며, 어떤 학자들은 그로 인해 회복의 임계점을 넘어 환경이 몰락의 길로 갈 것이라 경고하기까지 한다.

초원의 얼룩말이 사자의 위협을 받는 순간 얼룩말은 사력을 다해 도망친다. 위험을 벗어난 순간에는 언제 그랬냐는 듯 다시 풀을 뜯고 물을 마신다. 그것은 동물의 세계. 인간은 다르다. 특수한 사회적 관계를 발전시켜 왔기에 인간은 언제 다시 올지 모르는 위험을 대비하고 대책을 마련하고, 미연에 더 두려움을 느끼며 불안에 잠식당하기도 한다. 그것은 인간이 파괴적이기도 하며 자애롭기도 하여 다른 생물들을 긍휼히 여기는 양면을 모두 가지고 있는 결과로 귀결된다. 우리는 파괴하는 자이자 재건하는 자이기도 한 것이다.

아침에 커피를 내리며 할 생각으로는 너무 먼 여행을 떠난 것 같다. 만약 세계에서 인간이 사라진다면 가장 먼저 사멸할 것이 인간의 건축물일 것이고, 그 틈새를 다양한 식물과 동물들이 채워나갈 것이다. 인류가 재앙이라고 생각하는 핵발전소도 대략 삼십만 년 후면 방사능이 거의 사멸되어 있을 것이다. (어쨌든 인류는 멸종 이후이니 그 결과를 보지는 못할 것이다!) 지구는, 우주는, 생명체의 진화는 인간 없는 세상에서 또다른 세계를 구축해 나갈 것이다. 자연의 재건을 나는 믿는다.

이러한 생각의 끝에 이르면 슬프게도 인류는 스스로의 몰락을 위해 골몰하는 것이 아닌가 라는 비관에 빠질 때가 있다. 그렇다면 인간이 이 세계를 굳이 장악할 이유가 있을까. 스스로를 불안에 빠트리고 스스로를 몰락시키는 길로 굳이 갈 필요가 있을까. 참 어리석다는 생각도 하게 된다. 그러나 한편에서는 환경에 이로운 여러 다양한 노력을 기울이는 사람들도 많다. 어떤 축으로 인류의 미래가 기울지, 나는 그것이 또 궁금하다.

물리학자들은 '진공'을 사건이 일어나는 배경이라고 말한다. 우리는 우리의 '진공'을 얼마나 소중하게 다루고 있을지, 그곳은 또 얼마나 치열할 지를 생각해 보는 아침이다. 나는 붉은 꽃이 있는 화병이 놓인 테이블을 잠시 바라본다. 공간을 가득 채운 커피향을 느끼며, 온몸이 받고 있는 태양 볕에 감사하기로 한다. 그저 현재를 느끼며, 어떤 노력도 어떤 애씀도 내려놓기로 한다. 많은 생각들이 지나갔지만, 오늘은 조금 덜 소비하고 조금 덜 버리고, 조금 더 웃기로 했다. 우주의 시간 속에서 조금 더 나은 선택을 하기로 했으며, 그런 생각이 모인 어쩌면 오늘은, 우리의 오류를 바르게 되돌릴 수 있는 가장 빠른 첫날일 지도 모르겠다는 생각을 했다.

이 혜 미

Lee Hye-mi

2006년 《중앙일보》 신인문학상으로 등단. 고려대학교 대학원 석사 및 동 대학원 박사 졸업. 시집 《보라의 바깥》《뜻밖의 바닐라》《빛의 자격을 얻어》《흉터 쿠키》, 산문집 《식탁 위의 고백들》이 있다. 웹진시인광장 2022 올해의좋은시상, 고양행주문학상 등 수상.

무한한 여름과
재의 사계

이제 지상에는 눈 대신 재가 휘날린다

흰하늘을 태우고 남은 잉걸불이 곳곳에서 번뜩일 때 사람들은 유리 우산을 펼치고 타오르는 나무들 곁을 걷는다 불의 시간이 그치지 않았다

붉게 물든 폐수 구덩이가 매캐한 연기를 피우며 범람을 알린다 둑과 댐이 사라진 지 오래였다 돌아갈 곳은 없었다 기계들의 무덤 곁으로 녹아내린 쇳물이 흐르는 염천에서 사람들은 재가 섞인 밥을 짓고 소금국을 끓였다

나는 숨을 참고 열점펜이 달궈지기를 기다린다 — *뿌리가 타지 않은 나무들이 필요합니다 연기가 잦는 절기를 기다려 모종을 사러 가겠습니다* — 플라스틱 편지지의 표면을 녹이는 매운 연기를 따라 글씨들은 적히는 순간 가장 뜨겁게 깊어진다 종이와 잉크가 사라진 시대의 냄새는 누추하였으나 끝 획들이 그을린 필체는

고요를 닮아갔다

　피어오르는 폭염 속에서 생존자들은 불의 제단을 지었다 오직 화염만이 불멸을 약속했다 죄와 재가 멀리 있지 않았다 달궈진 청동의 신은 기도하는 이들의 손을 다치게 했으나 재를 뒤집어쓴 자들은 화상 입은 자리를 쓰다듬으며 신의 사랑이 흉진 자리에 깃드는 축복을 떠올렸다

　인간의 꿈이 불꽃 속에서 타오르고 있었다 나는 편지를 이어 적는다 *과거는 잠들지 않고 우리는 잊혀질 것입니다 환하게 빛나는 여름이 영원히 끝나지 않았습니다*

계절이라는
사치

작년 여름은 길고 깊고 지독하였다. 내가 사는 옥탑방은 컨테이너를 개조해서 만든 곳이라, 볕이 내뿜는 열기를 그대로 안쪽까지 전달해 마치 오븐처럼 뜨겁게 달아오른다. 사우나 찜질방이라고 해도 좋겠다. 최대한 움직이지 않으려 노력하며 어느 정도의 더위는 감수하며 지내지만, 너무 더운 날에는 지붕에도 물을 준다. 곧 녹아버릴 듯 뜨거운 실외 슬리퍼를 신고 바깥으로 이어진 호스를 틀어 지붕, 방 주변, 창문에 물을 뿌린다. 지붕 위로 떨어진 물방울들은 곧 더운 열기를 머금고 처마 밑으로 흘러내린다. 방의 내부 온도가 너무 높을 때 어쩔 수 없이 하는 일. 물이 증발하며 지붕의 높은 열기를 조금이라도 가져가 주기를 바라는 일종의 의식이다. 사실 효과는 미미하다. 게다가 한 번 지붕에 물을 주고 나면 몸이 볕에 데쳐진 듯 지쳐 버린다.

그 여름에 나는 수많은 편지를 썼다. 졸업 이후 탈고한 논문을 보내며 짧은 인사 메시지를 쓰거나, 놓쳤던 안부를 전하기도 했다. 편지는 언제나 여름에 대한 이야기로 끝이 났다. 무더운 폭염에

건강 조심하세요. 더위에서 꼭 살아남기로 해요. 뜨거운 여름의 한복판을 부디 무사히 건너시길. 도무지 여름이 끝나지를 않습니다. 이런 인사들에 담긴 걱정은 어쩌면 소소한 것들이었으나 편지들을 쓰며 나는 여러 번 땀을 닦거나 찬물 샤워를 하러 오가야 했으니, 수북이 쌓인 여름 앞에서 거대한 무력함을 느낄 수밖에 없었다. 어째서 나는 철로 이루어진 방 안에 앉아 이 무수한 열기를 견디고 있는가. 장마에 물이 샌 곳에는 처음 보는 곰팡이가 창궐했다. 이렇게 아름다운 검은색이라니. 벽지의 얼룩을 따라 무겁고 눅눅한 공기가 방안 가득 출렁거렸다. 이토록 폭력적인 더위를 통과하며 나는 내내 궁금했다. 이렇게 타오르는 듯한 여름이 있었던가. 도대체 이 여름이 언제까지 계속될까.

세계적인 폭염. 2024년 8월은 1970년 이후로 지구 역사상 가장 더운 여름이었다고 한다. 길고도 치명적인 여름이었다. 건강을 위협할 수 있는 "위험한 더위일(Risky heat days)"이 17일이나 늘어 추정치를 훌쩍 웃돌았다. 지구는 점점 더 뜨겁게, 숨이 막힐 만큼 위험하게 달아오르고 있었다. 이러한 극단적인 기온 상승은 온실가스 배출 증가, 기후 변화의 과속화, 지구 온난화 등으로 인해 비롯되었다고 분석된다. 인간이 유발한 기후 변화의 영향은 전 세계 모든 지역에서 극심한 더위, 폭우, 치명적인 홍수와 폭풍, 맹렬한 산불의 형태로 나타났다.[*]

　　기후 위기는 우리의 일상에도 큰 영향을 끼친다. 예전에는 당연히 여겼던 것들이 당연해지지 않게 된 경우들이 많다. 이를테면 목련은 늦은 겨울에서 이른 봄에 피고, 유채, 개나리와 진달래가 그 뒤를 이으며, 벚꽃은 그 이후에 만개하는 꽃의 시간표 같은 것. 눈이 오면 한 바가지 가득 퍼다가 설탕을 뿌려 빙수를 만들어 먹기도 했다는 부모님의 이야기. 서늘한 여름밤에 홑이불을 끌어다 덮던 기억도 지옥 같은 열대야를 지나며 조금씩 흐릿해져 가고 있다.

　　그러나 이것은 시작일 뿐이다. 올해의 여름이 우리가 겪을 가장 짧은, 또 시원한 여름일지도 모른다는 무서운 이야기들이 들려

---

[*] ""2024년 8월13일을 기억하라"… 전세계 인구 절반인 41억명 역대 최고기온 경험", 넷제로뉴스, 지혁민 기자, 2024년 9월 20일 자 기사.

왔다. 앞으로 계절은 여름과 겨울 단 두 가지로 나뉠 것이며, 봄과 가을을 다룬 시와 노래가 미래인들에게 유적처럼 남겨질 거라는 이야기. 꽃과 과일, 벌레와 새들, 고래와 산호들이 죽거나 병들고, 인류는 생존의 아비규환 속에서 녹슬어가는 통조림으로 쓸쓸히 연명할 것이라는 예언들도 쏟아졌다. 우리가 잃어가는 것들을 떠올리면 계속해서 작게 접혀 가는 종이 위에 올라가야 하는 술자리 게임이 생각난다. 점차 설 곳이 사라져가는 땅 위에서 어떻게든 살아가야 하는 인류. 곧 계절이 사치인 시대가 올 것이다. 불과 얼음의 시대. 타오르는 여름과 냉혹한 추위를 섬기며 살아가야 하는 시대.

새삼 '기후 위기'라는 단어를 다시 한번 돌이켜 본다. 위기라는 말은 잠시의 위협, 곧 극복하고 떨쳐버릴 수 있는 순간이라는 느낌을 준다. 하지만 환경 문제가 진행되어 가는 양상은 이미 '위기'를 넘어 '재난' 혹은 '절망'의 시기로 넘어간 듯하다. 이 글을 쓰고 있는 오늘, 미국의 대통령은 글로벌 기후 변화 보고서를 작성하고 있는 과학자들에게 연구를 중단하라고 명령했다.** 점차 심각해지는 기후 문제에 대해 연구하고 대비하기는커녕 외면하고 무시하는 방향을 택한 것이다. 이와 같은 조치들이 우리가 처한 상황을 얼마나 더 가속화시킬지 끔찍하고 아찔해진다. 더 이상 위험의 시그널들을 잠시의 사건으로 치부할 수는 없다. 지구가 가진 수많은 가능성을 약탈당하지 않도록 무엇을 해야 할까. 우리는 가상 세계의 휘황찬란을 들여다보며 수렁에 빠진 발을 허우적거리고 있는 것은 아닐까.

그러나 이러한 의문, 불안, 두려움은 어쩌면 희망의 전조가 될지도 모른다. 망가짐을 발견한 자가 고칠 힘을 발휘할 수 있듯, 우리는 기후 위기의 직접적인 위협을 받는 세대이기에 오히려 적극적으로 그에 맞서는 세대가 될 수 있다. 나무와 숲이 주는 구원을 말하는 책《세계숲》의 저자는 확신에 찬 어조로 이렇게 말한다.

> 이 세대는 지구를 푸르게 하는 세대다. 우리는 옛 방식의 끝, 새 방식의 처음에 있다. 이번에는 사람들이 정치인들보다 한 발 앞섰다. 허름한 집에서 버터 바른 빵을 먹는 평범한 사람들이 인간 무리를 새로운 목적지로 이끌려 한다. 이렇게 하

는 이유는 무리가 위험에 처했기 때문이다. 이것은 생명만큼 이나 오래된 집단 본능이다.**

위기와 위험의 시대에, 우리가 지구에게 푸름을 돌려줄 수 있을까. 답을 알지 못하지만, 그저 행하는 수밖에. 그것이 불안이든 절규든 연대이든 촉구이든. 우리의 모든 시도들이 "새 방식의 처음"임을 되새기면서. 계속해서 한 걸음씩 나아가고 있다는 것을 믿으며 써 나가는 수밖에. 우리에게 마음과 생각이 남아 있는 한 계속해서. 지금의 이 글도 그 작은 속삭임들 중 하나일 것이다. 무수한 목소리들이 모여 큰 울림을 만들어갈 것을 생각하며, 나는 다시 뜨거워질 옥탑방에 앉아 새로운 문장을 시작한다. 봄이 다가오고 있네요. 하지만 우리의 여름이 아직 끝나지 않았습니다.

** 다이애나 베리스퍼드-크로거, 노승영 역, 〈기후 변화에 대한 대화〉, 《세계 숲》, 아를출판사, 2025, 150쪽.

과거는 잠들지 않고 우리는 잊혀질 것입니다 환하게
빛나는 여름이 영원히 끝나지 않았습니다

신 미 나

——————— Shin Mi-na

2007 《경향신문》 신춘문예로 작품 활동을 시작했다. 시집 《백장미의 창백》《당신은 나의 높이를 가지세요》《싱고,라고 불렀다》, 산문집 《다시 살아주세요》 등이 있다.

앵무새에게 말을 배우는 원숭이 1

시론은
기억나지 않고 그의 스타일만 남았다
사람들은
그의 시집은 읽지 않았지만, 그는 인기가 많았다

비로소 그가 완성되었다

예식장과 장례식장에
사람들은 비슷한 조각상을 세웠다

서울 벚나무에서
히로시마 단풍까지
— 료타에게

료타, 보내주신 히로시마 단풍만주는 잘 받았습니다.

그저께 새벽에는 자다 깼습니다. 이상한 꿈을 꿨어요. 어느 방파제를 걸어가고 있는데, 은갈치가 수면 위로 펄쩍 뛰어올랐습니다. 사람 키 만큼이나 컸어요. 몸통이 은박을 입힌 듯 반짝였고, 투명한 지느러미가 시폰 베일처럼 일렁였습니다. 아름다운 생물이었습니다. 은갈치는 저의 종아리를 쓰윽 감더니, 다시 물속으로 들어갔습니다. 종아리에 스팽글 같은 비늘이 몇 점 묻었습니다. 저는 종아리에 붙은 비늘을 떼다가 잠에서 깼습니다. 그 물고기는 오래전 지구에 살았던 신령한 생물 같았습니다. 왜인지 그 물고기는 조금 상한 것처럼 보였습니다. 물고기도 눈물을 흘릴까요?

제가 깨문 첫 번째 만주 속에는 팥소가 들어 있네요. 한 상자에 여덟 개 들어있고요.

얼마 전에 경희궁에 갔습니다. 료타가 서울에 오면 꼭 한번 가

보고 싶다고 했던 궁이지요. 경희궁 공원 뒷길을 따라가면 오솔길이 나오는데, 그 길은 서울 기상관측소로 이어져요. 쪽문을 열고 들어가면 바로 나옵니다. 홍난파 가옥에서 성곽 오르막으로 가는 길도 있지만, 저는 그 작은 문으로 들어가는 길을 더 좋아합니다. 마치 비밀 통로로 몰래 입장하는 기분이 들거든요. 그곳에 근대 건축 기법으로 세워진 아담한 건물이 나옵니다.

이곳에는 계절 관측 표준이 되는 단풍나무와 왕벚나무가 있습니다. 서울의 봄을 제일 먼저 알리는 기준이 되는 나무로, 본관 남쪽에 자리했어요. 왕벚나무 가지 하나에 세 송이 이상의 벚꽃이 피면, 벚꽃 개화 시기를 발표한다고 합니다. 가을엔 단풍이 20퍼센트가량 물들면 단풍의 시작으로 보고, 80퍼센트 이상 물들면 절정으로 삼는다고 적혀 있어요.

재미있지요? 최첨단 장비로 측정하는 것이 아니라, 나무로 계절의 기준을 세운다는 것이요. 인간을 중심에 두고 표준 지표를 정하는 것이 아니라, 자연 그대로를 받아들이는 방식이라 좋습니다.

단풍나무의 수령은 120여 년으로 추정한대요. 어쩌면 이곳의 나무는 한자리에서 우리보다 더 많은 것을 보고, 우리보다 더 오래 미래를 살아가겠지요.

　기상관측소 마당에서 서서 구름을 봅니다. 강수량, 일조량, 가시거리 등은 계절 관측자가 눈으로 관찰한다고 해요. 매일 같은 자리에서 단풍을 살피고 구름을 기록하는 관측자의 일과에 대해 상상해 봅니다. 부지런하고 성실한 계절 관측자라면 저도 아는 사람이 있어요. 바로 평생 흙을 일구며 살았던 어머니지요. 사람의 표정을 보며 감정을 읽듯이, 어머니는 늘 하늘의 표정을 살폈습니다.
　한 번은 어머니가 이런 이야기를 한 적이 있어요. "요새는 가로등이 환해서 벼가 밤에도 잠을 못 자. 그래서 도로변에 심은 벼는 쭉정이가 많아." 이 새벽, 집 앞의 내부 순환로에 방사형의 자동차 불빛이 지나갑니다. 다시 잠들기 어려울 것 같습니다. 서울은 밝아요. 지나치게.
　히로시마 온천에 한 번 놀러 가겠다고 한 약속은 아직도 지키지 못했네요. 두 번째 만주는 레몬 맛입니다.

　　며칠 전에는 이상한 장면을 보았습니다. 시립미술관에 갔다가 덕수궁 돌담길로 접어들었을 때였어요. 두 사람이 벤치에 앉아 와플을 먹고 있었습니다. 무슨 일인지 참새 한 마리가 그들 주위를 떠나지 않았습니다. 콩고물이라도 던져주길 바라는 것처럼, 꿈쩍 않고 그들을 올려다보고 있었지요. 아니, 그것은 먹이를 달라는 정확한 신호였습니다. 새는 표정이 없었고, 그 모습이 조금 섬뜩했습니다. 참새들이 주로 나뭇가지나 덤불 속에서 무리 지어 날아다니는 모습을 봐왔던 터라, 그 모습이 생경해 보였거든요. 우리가 그들을 변하게 만든 걸까요? 한겨울에, 도시에서 먹이를 구하는 게 녹록지 않았겠죠. 그 참새를 따라 두어 마리의 새들이 날아들었습니다.

　　오래전 일본 나라 시의 사슴 공원에 갔을 때 받았던 가벼운 충격과 비슷했습니다. 우리는 어디까지 이들의 삶에 개입해야 할까요. 이런 생각이야말로 다른 종의 생명을 통제할 수 있다는 인간들의 오만에서 비롯된 일은 아닐까요?

가끔 저는 반려묘의 발톱을 깎으며 죄책감을 느낄 때가 있습니다. 날카로운 야생의 발톱을 억지로 뭉툭하게 만드는 것 같아서요. 마찬가지로 인간이라는 종으로 태어나, 다른 생물의 살을 먹을 때면 비애를 느낍니다. 다른 종의 죽음을 먹으며 삶을 살아갈 수 있다는 사실은 숭고하지만, 어떤 면에서 모종의 수치심마저 듭니다. 인간의 미뢰는 왜 그렇게 다양한 쾌락을 추구하게 되었을까요.

료타. 전에 했던 말 기억합니까? 학교 가는 길에 작은 다리가 있었다고요. 저는 그 다리 아래서 무참한 도륙의 현장을 목격하곤 했습니다. 집으로 가는 길은 그 다리가 유일했기에 다른 길로 돌아갈 수 없었어요. 육질이 연해진다는 이유로, 마을의 사내들은 개를 목매달아 피범벅이 되도록 때렸습니다. 다리 아래, 개의 처절한 비명이 울렸습니다. 사내들은 멈추지 않고 숨통이 끊어지기 직전까지 개를 때렸지요. 뼈가 으스러지고, 내장이 터지고, 흰자위에 피가 찰 때까지 멈추지 않았어요. 그 피비린내 나는 현장은 인간들의 잔치였어요.

죽은 개를 끌어 내려, 사람들은 토치로 털을 그을렸습니다. 그 가여운 개는 네 발을 오그린 채 까맣게 타버렸습니다. 그 현장을 냄새로 기억합니다. 개의 비명이 잦아들 때까지 쇠 파이프로 턱, 턱. 개를 때리던 둔탁한 소리가, 지금도 머리를 울리는 것 같아요.

 그저 고깃덩어리일 뿐이라고. 이런 동정은 한낱 알량한 감상에 지나지 않는다고. 그래봐야 인간은 식욕 앞에서 번번이 지고 마는 존재라고 생각했어요. 그렇게 생각해야 조금이나마 가벼워질 것 같았습니다.

 집에 돌아왔더니 수돗가 고무 함지에 무언가 담겨 있었어요. 개 다리였습니다. 토할 것 같았습니다. 나중에 알고 보니 그것은 이웃이 두고 간 선물이었습니다. 오랫동안 병상에서 일어나지 못하는 아버지의 보신을 위한 것이었지요.

 이 어지러운 삶의 모순이 도처에 짙은 피비린내를 풍겨와요. 때때로 저는 이런 구체적인 고통에 동참하기를 두려워합니다. 도망치며 단순하게 무뎌지길 바랍니다. 하지만 무감함이야말로 제가 가장 두려워하는 것인지도 모릅니다.

누군가는 이렇게 말할지 몰라요. 인간으로 태어났으니 인간 중심의 사고를 할 수밖에 없지 않겠느냐고요. 맞아요. 인간은 자비와 잔인함, 빛과 그림자의 면면을 두루 지닌 존재입니다. 하지만 이런 질문을 던질 수 있겠지요. 개의 고유한 습성을 존중하지 않는 가학적인 방식은 한 인간이 추구할 수 있는 높은 가치를 훼손하는 일이라고요. 그런 행위는 인간으로서의 존엄을 스스로 저버리는 일이며, 인간의 영혼마저 상하게 만든다고요. 저는 빈번히 회자하는 '순환'이나 '연결'을, 언젠가 우리가 뱉은 것을 다시 입으로 가져와야 한다는 뜻으로 이해합니다.

얼음물을 마시고 싶습니다. 료타.

어머니는 헛간에서 달걀을 꺼낼 때마다 겸연쩍어했습니다. 행여나 알이 없어진 걸 보고 닭이 놀랄까 봐, 탁구공을 둥지에 넣어

두는 꾀를 쓰기도 했지요. 닭으로서는 기만이지요. 이 역시 인간의 상상에서 기인한 깜찍한 속임수입니다. 하지만 저는 그때 인간이 다른 종을 대하는 태도의 일면을 조금 배운 것도 같습니다.

어쩌면 저는 인간적인 감상을 자연에 투사하고자 하는 것인지도 모릅니다. 많은 문장가들이 자연을 모성이나 피안으로 그렸듯이, 저 역시 은유 뒤로 숨고 싶었는지도 몰라요. 하지만 이전의 세계와 지금은 다릅니다. 가만 들여다보면 자연 안에는 비정한 고요가 있습니다. 굶주린 사자가 새끼 영양을 쫓아 목덜미를 물 때, 마치 평원은 음소거 된 것처럼 고요합니다. 그리고 주변의 모든 소리를 먹은 듯 지루한 생태가 반복됩니다. 그것은 자연의 얼굴, 가이아(Gaia)일까요?

입체적인 경험이란 건 뭘까요. 구체적으로 다른 종의 고통을 생생하게 느끼는 걸까요? 우리는 이를 공감이라 부르나요? 모순 속에서 살아가는 저는 정답을 모릅니다. 다만, 저는 몸으로 기억합니다. 강아지를 안으면 그 심장이 얼마나 빠르게 뛰는지. 소의 황금빛 속눈썹이 얼마나 길고 가지런한지. 토끼는 흰 즙이 나오는 풀을 좋아하며, 해바라기 씨앗처럼 까만 똥을 눈다는 것…. 제가 말할 수 있는 건 겨우 이런 것뿐입니다. 살아있는 존재. 그 생명의 감각을 복기하며, 나의 육신에 대입하여 생각하는 것이요.

    료타. 당신의 딸이 해변에서 보여주었던 조각을 기억하나요? 다섯 손가락을 펴서 보여준 것이요. 그것이 뼈인지, 패각인지 알지 못한 채 헤어졌지요. 하지만 우리는 분명히 보았습니다. 파도에 다시 떠밀려온 것을요.
    서울의 벚꽃 개화 시기가 발표될 때쯤에 제가 히로시마로 갈게요. 집에서 그리 멀지 않다는 히로시마 평화 공원도 같이 가보고 싶습니다.

    추신. 달콤한 만주는 쓸쓸한 녹차와 곁들여 마시기 좋았습니다.

2025. 겨울

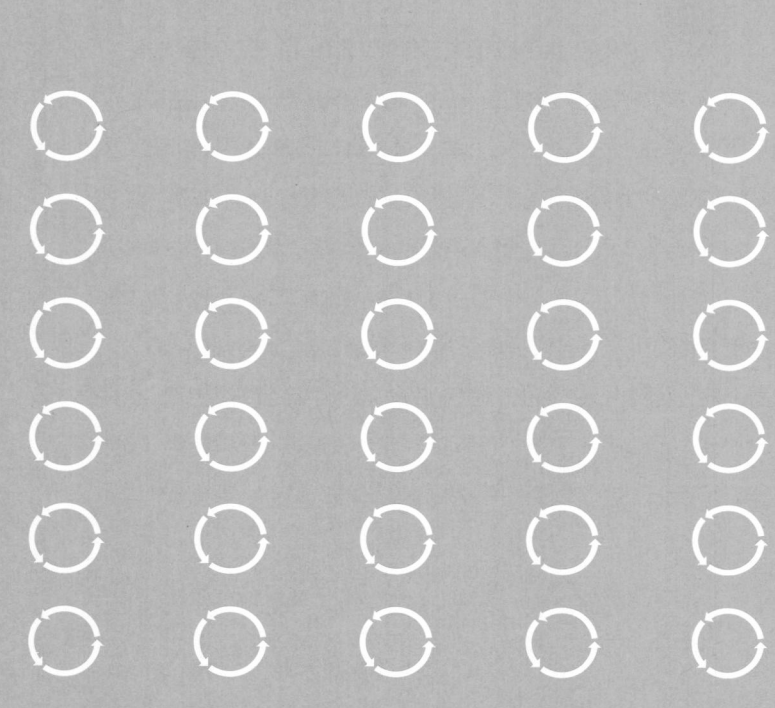

김 연 덕

------------------ Kim Yeon-deok

서울에서 태어나 2018년 대산대학문학상을 통해 작품 활동을 시작했다. 시집《재와 사랑의 미래》《폭포 열기》《오래된 어둠과 하우스의 빛》이 있다.

glass heart

셔츠 단추를 풀고 거실 소파에 앉아 있으면

피처럼 돌아가는 공장의 레일과 천변, 도시의 멋진 신체인 쓰레기장을 지나
다 빠진 힘으로 이제 이 주택 단지를 한바퀴 돈 뒤. 창을 뚫고 들어오는 태양광에 의해
나의 유리 심장은 여러 밝기 여러

각도로 빛났다.

조금 지치고 들뜬 빛들은 심장에 앉아

많은 소리를 냈다.

어떤 각도에서는 빛이 특히 날카롭게 내리꽂혔는데 그곳에서는 달구어진 주물 냄새 만져본 적도 없는 기계 냄새가 났다. 프레스

가 돌아가며 미움과 기쁨을 삶을 다량으로 찍어내는

    태양이 자기 손 씻지도 않은 채 옮겨온 냄새. 그 냄새는 색다르게 망가지는 느낌을 주었고

    셔츠를 열어 심장에 태양을 쏘아주는 이런 낮 시간이면 나와는 무관하게 살아가는 공장 사람들이

    알아서 나를 들어 올려 내가 원하던 슬프고 빠르고 반항적인 느낌 속으로 빙글빙글- 돌려주었다.

    공장을 지나 더러운 물이 U자로 흐르는 천변을 지나 벌레들의 혈액 같은 유속을 느끼며 쓰레기장 위로 날아가는 동안

    유리로 된 나의 심장은
    눈을 감고
    몸을 자주 뒤척이며
    빛을 받는 부분이 더 날카롭게 갈리도록 애써보았다.

누군가 무심결에 찔릴 수도 있을 만큼은 충분히 갈렸지만 이렇게 누워서 건너가 보는 느낌

만족스럽게
마음 아픈 느낌은 이 낮 시간 동안이면 족했기에

소파에서 굴러떨어져 넘어지지 않기 위해 조심해야 했다.

천연 공법으로 세공된 나의 마지막 심장이 부서진다면
이제는 다른 재료를 갈아 끼워 넣어야 했다.

안티 플라스틱 시

　플라스틱을 좋아한다. 정확히는 플라스틱의 이미지를 좋아한다. 플라스틱을 내 시의 재료로 산문의 재료로 가져오는 것을 좋아한다. 정처 없이 돌아다니는 비닐봉지부터 재사용되지 않는 고무줄, 꽃집에서 포장용으로 사용되었다가 집에 돌아오면 작은 죽음처럼 폐기되는 비닐, 도로 라바콘, 탁구공, 플라스틱 장난감, 페트병에 음각된 무늬에 따라 빛이 울퉁불퉁하게 떨어지는 장면들, 버려진 스티로폼, 스티로폼이 충격에 의해 부서지면서 그것이 눈처럼 낱개로 흩날리는 광경, 일회용 도시락의 미지근한 가벼움과 종이컵의 이미지, 커피가 소량 남은 테이크 아웃 컵의 아름답지 않은 끈적한 느낌 그래 상황이 잘 끝마쳐지지 않은 느낌 등. 나는 마음에 대해 쓰는 것을 좋아하는데 그것이 마음이 내뿜는 전형적인 이미지로부터는 먼 방식이면 좋겠다고 생각했던 것 같다. 이제 마음과 유리, 철, 나무, 천, 흙을 연결시키는 것은 너무 뻔한 것이 아닌가 그간 많은 시인들이 해온 작업이 아닌가 싶어진 것이다. 나도 비슷한 작업을 많이 해왔지만, 유리와 나무를 마음과 연결시킬 때 자동으로 발생하는 기계적인 이미지, 감상성이 늘 신경 쓰였다. 그래서

김연덕

도처에 날아다니는 플라스틱을 마음과 연결시켜 보기 시작했는데, 공장에서 대량으로 찍혀 나오는 속성도, 한번 사용되었다가 폐기되는 속성도, 멀끔했다가 전과 달라진 이미지로 변모되어지는 과정도, 거리나 상점이나 가정에서 발에 채이듯 흔하다는 속성도 모두 마음에 들었다. 얼핏 마음은 아주 정신적인 영역에서 어렵고 투명하게 세공되어서, 혹은 신의 소관에 의해 세상에 운명적으로 도착한 것처럼 보인다. 하지만 때때로 어떤 마음들은 내게 정말 인공적으로, 공장에서부터 찍혀 나온 여러 개의 새것 그러나 흔하디흔한 새것처럼 느껴지고, 그 이미지들이 내게 주는 안정감과 공포와 나른함과 옅은 슬픔이 있다. 내가 쓰고 싶은 것은 마음의 이런 측면에 관한 부분이었다. 뭐라고 특정할 수 없는 부분, 언어로 묶이지 않는 부분 말이다. 편리함 사이를 가르고 흘러나오는 슬픔이, 극단의 인공 속에서 이상하고 우연적인 아름다움이 발생하는 부분이었다. 플라스틱의 속성을 파고들어가는 것은 나에게 시의 본질에 대해 다른 방식으로 질문해 보는 것과 같았다.

    유리나 나무나 철은 이제 마음에 빗대 쓰기에 너무 손쉽고 전

통적인 재료로 느껴졌다. 유리의 깨어짐에 대해 쓰는 것보다, 꽃집에서 받은 비닐을 집에 와 버리자마자 바로 잊게 되는 현상에 대해 쓰는 것이 나에게는 더 생생하고 복잡한 진짜 현실과 마주하는 것처럼 느껴졌다. 베란다 뒤쪽에서 다 식은 채 버려진 비닐의 이미지와 아무도 모르는 채 치러지는 쓰레기 장례식의 이미지를 연결시키는 것이 더 세련된 방식 같았다. 마음과 플라스틱이 겉으로는 양극단에 있는 것처럼 보인다는 것과 그래서 내가 비집고 들어갈 여지가 보인다는 점, 많은 시인들이 채택한 방식이 아니기 때문에 아직 관습화된 방식이 아니라는 점도 좋았다. 동시에 너무 공들이거나 힘들여 썼다는 인상 없이, 삶과 맞닿아 있는 부분을 약간 무심하고 냉소적으로 포착해낼 때 장면들이 내뿜게 될 스타일도 좋았다.

    이런 여러 가지 이유로 나는 플라스틱 이미지를 좋아했다. 아니 지금도 좋아한다. 그런데 아직도 그런 내가, 새로운 시가 우선인 내가 이 책에 실릴 원고를 청탁받았을 때 왜 새삼스레 시의 재료들에 대해 숙고하게 되었는지 모르겠다. 마음에 걸리는 부분 없이 그것들의 그림자와 꼴을 사용해 버린 이유에 대해. 플라스틱을 예찬

하거나 플라스틱 사용을 권고하는 류의 그런 시를 써온 것도 아닌데 말이다. 플라스틱은 어떤 온도도 주장도 없이 시 안에 그저 유령처럼 떠다니며 존재하고 있었다. 중성적인 존재로 말이다. 그리고 나는 그것이 옳은가 하는 질문을 하게 되었다. 중성이 겹치고 쌓이면 하나의 의견이 될 수도 있는 것 아닐까. 무언가 조용하게 하고 있는 것은, 세련됨을 위해 희생되고 있는 것들에 관한 질문을 멈추게 하고 있는 것은 아닐까. 시급한 질문들을 이미지 앞에 약화시키고 잃게 하는 것은 아닐까. 이것은 아주 예민한 문제이지만 내가 살며 차지하고 있는 여러 개의 정체성에 대해 고민해 보기로 했다. 나는 시를 쓰지만 쓰레기를 배출하는 사람이고, 종이 위에만 존재하는 이미지를 가져오지만 그 종이를 한꺼번에 폐기하기도 하는 사람이다. 나는 숨을 쉬고 거리를 걷고 매년 미세하게 달라지는 공기와 계절을 느낀다. 그것이 나의 감정과 나의 시에 영향을 미친다. 나는 이 세계와 터전, 급변하고 있는 환경과 분리되어서는 살 수 없는 사람이고, 결국 내가 생성하고 있는 이미지들과 지구인으로서의 내 정체성 사이를 조정해야 했다.

시의 재료를 검열한다거나, 다른 맥락에서 다양하게 사용되는 기호로서의 언어를, 그 가능성을 차단해야 한다는 이야기는 아니지만, 내가 잊거나 애써 잊고 있던 어떤 연결고리들을 의식해야 했다. 시와 나의 의견, 무신경한 재료들 앞에서의 감정과 시야권 밖의 영역, 무심히 잠들어 있는 내 세세한 일상과 연결되어 있는 부분들에 대해 인정해야 했다. 무게를 두고 있는 부분이 다른 부분을 누르고 있지는 않은지 돌이켜봐야 했다. 내가 다른 의도 없이, 그러나 위화감도 없이 오로지 아름다움만을 위해 플라스틱을 과용해 온 영역이 다름 아닌 나의 시였다는 사실을. 플라스틱을 일회용품을 시에서까지 자유롭게 사용하지 못하는 것은 너무나 촌스러운 것 아닐까 하며 약간은 둔해졌던 무의식을. 앞서 이야기했듯, 물론 나는 시에서 플라스틱을 찬성하지도 반대하지도 않았다. 그럼에도 언어는 덩굴의 에너지처럼 뻗어나간다. 내가 예상치 못했던 방식으로, 그런 것에까지 힘을 실어주려던 것이 아니었음에도. 정말로 잔인하고 이상한 방식으로 한 얼굴을 뒤덮고 다른 얼굴의 손을 들어준다. 이미 써내 외부에 보인 시일 것이기에, 모든 의미망들을 통제할 수는 없을 것이다. 시와 쓰는 순간을 경직되게 하지 않게끔 하면서도 내가 쓰는 이미지를 두려워할 수 있었으면 좋겠다. 그러려면 작은 실천과 작은 의식이 필요하다. 그래서 나는 이 산문과 한 짝으로, 유리가 등장하는 다른 차원의 시를 써보려고 한다. 시의 긴장과 환경 속에서의 정체성 사이에서 계속 돌아다녀 보는 시를 써보려고 한다. 아직도 정답은 모르겠지만 그래도 이미지의 무시무시하고 환한 힘을 믿는다.

정 다 연

──────── Jong Da-yun

2015년《현대문학》신인추천으로 등단했다. 시집《내가 내 심장을 느끼게 될지도 모르니까》《서로에게 기대서 끝까지》《햇볕에 말리면 가벼워진다》, 에세이《마지막 산책이라니》《다정의 온도》가 있다.

여름 대삼각형
– 세 개의 별

오직 지구의 밤하늘에서만
드러나는 세 별의 형태

너와 나란히 눕는다

하늘 아래 사는 것이 아니라
하늘 한가운데서
저 별들과 함께 살아 있음을 느껴

수천 년 전
양수에서 빠져나와 첫 숨을 들이쉰
아기의 눈썹을 비추던 별빛과
수백 년 전 겹침된 도시
고인 빗물에서 갈증을 구하던
젖은 입술
그를 비추던 별이

이곳에 와 닿는다

서로 다른 시간을 품은 채로
몇 광년의 속도로

어쩌면 저 별은 이 빛을 끝으로 사라졌을지도 몰라
어쩌면 지금도 지상을 내려보고 있을 저 별은
상처뿐인 잔해와
텅 빈 공허를 향해 다가오는 건지도 몰라

그러나 나는
살아 있음을 느끼게 하는 저 별을 의심하지 않기로 한다
이미 사라졌다면
두 번 다시 보지 못한다면
사라질 때까지 바라보자

아름다운 것을 아름답다고 감탄하면서
어떤 온전함에 대해
아무런 죄책감을 가지지 않으면서

여름 대삼각형
오직 지구의 밤하늘에서만
드러나는 세 별의 형태

너와 나는 땅에 누워
우리의 시간에 가득 찬
어둠까지도 응시하기로 한다

땅 밑에서는 생명의 기척을 느낀
작은 벌레가 우주처럼 움튼다

여름과 가을에
죽은 나무

여름에 죽은 나무

지난여름 휴가로 사이판에 갔다. 이 나라는 죽은 나무를 잘 치우지 않아요. 이십 년 전, 이곳에 이민을 와 가이드 일을 시작했다는 여자가 말했다. 우리 일행은 여름 별자리를 보기 위해 외곽으로 차를 몰고 가던 참이었다. 어두운 밤길 앞으로 쓰러진 나무가 나타날 때면 가이드는 조심히 핸들을 꺾었다. 죽은 나무가 이렇게 방치되어 있으면 위험하지 않나요. 내가 말했다. 한국이었다면 벌써 치우지 않았을까. 나는 기록적인 폭설과 태풍으로 나무가 쓰러졌을 때도 며칠이면 말끔히 치워져 있던 서울의 거리를 떠올렸다. 사이판은 꼭 그렇지만은 않다면서 가이드가 덧붙였다. 쓰러진 나무를 수거하지 않고 그대로 자연의 일부가 되게 둬요. 도시에서 한 생명과 사물이 온전하게 썩어가는 걸 본 적이 없는 나로서는 그 말이 마음에 남았다. 그 말을 잊지 않으려고 메모장에 받아 적어둘 만큼.

우리가 탑승한 차가 도착한 곳은 고대 신전 같은 건축물이 세워진 너른 터였다. 우리 일행을 비롯해 투어에 참여한 사람들은 손

전등에 의지해 빈자리를 찾아 바닥에 돗자리를 깔고 누웠다. 곧이어 손전등 불빛을 모두 끄자 옆 사람의 얼굴도 분간되지 않을 만큼 사위가 어두워졌다. 반대로 밤하늘엔 별이 무수하게 떠 있었다. 가이드는 북극성부터 여름 별자리인 백조자리, 거문고자리를 손가락으로 가리키며 알려줬다. 그 설명을 따라 각각의 별들을 눈으로 이어가다가 하나의 형태가 완성될 때마다 감탄했다. 별똥별이 떨어졌다. 찰나였지만 그토록 선명하게 하나의 별이 지는 걸 본 건 처음이었다.

사이판을 여행하는 내내 그날 봤던 별자리를 떠올리며 한 번씩 밤하늘을 올려다봤다. 자연의 일부가 되게 둔다는 가이드의 말도 떠올랐다. 나는 해변에서 죽은 나무를 발견할 때마다 그냥 지나치지 않고 카메라에 담아 두었다. 죽은 나무는 자신의 마지막 자세를 바람과 파도에 맡기고 있었다. 어떤 나무는 아직 모래사장에 굳건히 뿌리 내리고 있다는 듯 밑동만 남은 채로 서 있었고, 어떤 나무는 공중을 향해 뿌리를 훤히 드러낸 채 쓰러져 있었다. 여전히 푸른 야자수 잎을 달고 있는 나무도 있었다. 그 곁에 앉아서 파스텔 빛으로 지는 노을과 지상을 아우르며 끝도 없이 펼쳐진 해안선을 바라보기도 했다.

    사이판에서 만난 풍경들은 내 안의 어떤 부분이 근본적으로 회복되고 있다는 느낌을 주었다. 빠르게 치우지 않는다는 것. 무언가를 대신하기 위해 새로운 것을 가져다 두지 않고, 그대로 남겨둔다는 것. 일평생 한 장소에 뿌리내린 나무가 자신이 살던 곳에서 사라질 수 있게 둔다는 것. 그런 장소가 눈앞에 있다는 게 위안이 됐다. 죽은 나무가 내 안에 다시 숨을 붙이며 움트고 있었다.

가을에 죽은 나무

    다음 계절에 만난 죽은 나무는 재난의 모습 그 자체였다. 가을에 떠난 대만 여행은 남부에 찾아온 태풍으로 항공편이 취소되면서 이틀이 지체되었다. 가오슝 국제공항에 간신히 입국해 처음 거리로 나갔을 때, 나는 그 참혹한 풍경에 당황했다. 보통 대만을 강타하는 태풍은 태평양을 마주한 동해안에 상륙하지만, 태풍 끄라톤은 이례적으로 서해안에 상륙했다. 기후 위기로 인해 날씨가 변덕스럽게 변화한 탓이었다.

숙소를 향해 가는 동안 쑥대밭이 된 거리가 펼쳐졌다. 한눈에 봐도 수령이 제법 돼 보이는 나무가 도로와 인도를 가리지 않고 쓰러져 있었고, 몇몇 상점의 유리창은 산산조각 나 있었다. 도시는 50여 년 만에 불어닥친 대형 태풍의 잔해를 수습할 여력이 없는 것 같았다. 서로 뒤엉켜 부러진 나뭇가지를 피해 차도의 가장자리로 걸어야 했다. 도로에는 인파와 자동차, 오토바이가 어지럽게 뒤섞였다. 지난여름의 해변에서 보았던 풍경이 꿈처럼 느껴졌다. 여름과 가을, 두 나무의 시차가 아득히 멀게 다가왔다. 재난으로 죽은 나무는 자연스럽게 수명을 다한 나무의 모습과 엄연히 달랐다.

앞으로 얼마나 많은 나무가 해변의 나무처럼 사라질 수는 있을까. 그런 장소가 계속해서 존재할 수는 있을까. 비단 나무뿐만 아니라 다른 생명체는, 우리는 어떠할까. 캐리어를 끌고 숙소에 도착해서도 생각이 복잡했다. 가오슝에서 태풍을 만나는 건 쉽지 않은 일이라고, 돌아가면 좋은 일이 생길 거라고, 어렵게 이곳에 도착한 여행자를 위해 호텔 직원이 위로하듯 말을 건넸다. 나는 씁쓸하게 웃었다.

숙소에 짐을 풀고 도시를 둘러보고 싶어서 밖으로 나섰다. 숙소에서 그리 멀지 않은 곳에 가오슝 시립도서관이 있다고 했다. 운영 시간이 끝났을지도 모른다는 걸 알면서도 도서관이 있는 산둬상권역으로 향했다. 다시 줄줄이 쓰러진 나무들이 이어졌다. 여기저기 안전 펜스가 둘려 있었고, 발밑에서 진한 풀 냄새가 났다.
역시나 도서관은 이미 문을 닫은 뒤였다. 건물을 지키는 두 경비원 말고는 아무도 없었다. 왔던 길을 다시 거슬러 갔다. 바람이 불자 바닥에서 잎사귀가 가볍게 일렁였다. 나는 어둠 속에서 다시 죽은 나무 곁에 멈춰 섰다. 이번에 눈 열리지 않을 것 같은 미래 앞에 서 있는 기분이었다. 이 세계에 있다고 믿었던 어떤 가능성이 눈앞에서 부스러지는 것 같았다.

나는 사이판에서 그러했듯이 하늘을 올려다보았다. 가오슝의 밤하늘엔 별이 잘 보이지 않았다. 옆 사람의 얼굴도 보이지 않았던 여름밤의 어둠이 떠올랐다. 너무 어두워서 텅 빈 것 같던 어둠이. 그리고 그 위에 눈부시게 드러났던 여름 별자리를 그려 보았다.

어쩌면 우리에게 필요한 것은 텅 빈 어둠의 자리를 마련하는 것이 아닐까. 한 생명의 삶뿐만 아니라 죽음 또한 온전히 드러날 수 있도록 주위를 비워두는 것. 빈자리를 채우기 위해 무언가를 끊임없이 생산하는 게 아니라 그것이 사라지고 있는 풍경에 머무르는 것. 나는 어두워지는 그 순간에야 비로소 보이는 것들이 있다고 믿는다. 죽은 야자수 나무가 내보내는 잎의 푸름과 우리가 우주라는 거대한 흐름에 속해 있다는 걸 깨닫게 하는 별 무리처럼, 삶을 생생하게 움트게 하는 것들이. 나의 걸음이 그쪽으로 향할 수 있도록 다가올 여름과 가을에도 죽은 나무 곁에 머물러 있겠다.

산문_ 여름과 가을에 죽은 나무

김 창 균

——————— Kim Chang-gyun

강원도 평창군 진부 출생. 1996년 《심상》으로 등단. 시집 《녹슨 지붕에 앉아 빗소리 듣는다》《먼 북쪽》《마당에 징검돌을 놓다》《슬픈 노래를 거둬 갔으면》, 산문집 《넉넉한 곁》이 있다. 현재 한국작가회의 회원이며 작가회의 강원지회장이다.

수족관,
아수라

심해어도 얕은 바다에 사는 것도
발 여럿 달린 것들과
비늘이 없어 움켜쥐면 손가락 사이를 빠져나갈 것 같은
것들까지

어떤 몸은 허리가 휘고
어떤 놈은 지느러미가 없어

한쪽으로 눈이 쏠린 넙치류들이
쏠린 눈 감으며 안간힘으로 몸을 뒤집는다

수족관 바닥엔 유리벽을 움켜쥐었던 빨판에 힘이 빠져
심술궂게 배를 부풀린 도치류들 공처럼 굴러다녀
온통 폐허의 말이 탁하게 들어찬 수족관

그 모든 것 위에

향기도 없이
먼 곳에서 온 눈발들
한 번 쏟아지면 다시는 자신에게로 돌아갈 수 없는 것들이
심해어 해진 등을 덮고 또 덮는다.

도루묵 없는
도루묵 축제

매년 11월 말에서 12월이면 종종 서울에 사는 지인들한테서 오는 "창균아! 요즘 속초나 고성에 도루묵이나 양미리 많이 잡히니?" 하고 묻는 전화.

"응, 며칠 전 속초 동명항 도루묵축제장에 가 봤는데 도루묵, 양미리는 거의 없어, 몇몇 부스에 조금 있긴 한데 가격이 상상을 초월할 정도야."

"야, 그래도 한 번 더 나가서 살펴봐."

"그럼 고성 쪽은 어떤지 항구 쪽 사정을 살펴볼게."

고성 오호항에서 매년 열리는 도루묵축제장으로 차를 몰아간다. 동해안 최북단 통일전망대까지 이어진 7번 국도는 겨울나무처럼 앙상하게 등뼈를 드러내고 있다. 남북 관계가 좋을 때 7번 국도는 금강산까지 육로가 연결되어 금강산으로 수학여행을 가거나 일반인들이 여행을 다녀오고는 했었는데 지금은 다시 갈 수 없는 먼 나라가 되었다.

오호항 부근에 접어들자 대형 스피커를 통해 내보내는 트로트 가요가 고막을 자극한다. 곳곳에 도루묵 축제를 알리는 플래카

드와 만선을 알리는 형형색색의 깃발을 걸어둔 긴 대나무 장대에서 깃발이 칼바람을 맞으며 펄럭거린다. 찢어질 듯 위험하게 바람을 타는 깃발의 비명이 내 언 귓바퀴를 빠르게 지나간다.

    주차장에 차를 주차하고 축제장으로 들어서는데 축제장 곳곳이 연기로 가득하다. 아, 이곳에는 도루묵, 양미리가 많이 나오나보다 하고 연기나는 곳으로 가보니 아뿔싸, 반원통으로 잘라 고기 굽는 구이통으로 개조한 드럼통에 석쇠를 걸고 삼겹살을 굽고 있다. 몇몇 부스 탁자 위에 도루묵은 전시용으로 몇 마리 접시에 올려져 있고 양미리는 한 달여 전에 잡았는지 꾸덕꾸덕 마른 것을 새끼에 엮어 부스 초입에 걸어 놓았다. 그것도 몇 타래 되지도 않는 양이다.

    날씨가 추운 탓인지 축제 참가자나 관광객은 없고 마을 이장을 비롯한 관계자들만 불가에 앉거나 엉거주춤 서서 삼겹살에 소주를 마시고 있었다. 그리고 부스 안에는 부녀회에서 나온 나이 든 여성들이 전기 히터 주변에 두서너 명씩 둘러앉아 종이컵에 담긴 믹스 커피를 두 손으로 감싸 쥔 채 큰 소리로 이야기를 나누고 있었다.

"이렇게 도루묵이 안 나는 해는 처음이야."
"무슨 조화래?"
"기후 변화로 바다가 따뜻해져서 그렇다잖아."
"아니여, 치어들까지 너무 많이 잡아먹어서 그래."
"어이구 참, 이제 뭘 먹고 사나, 큰일이네."

바람에 묻어오는 그들의 말이 다소 쓸쓸하고 을씨년스럽게 들렸다. 도루묵도 축제를 즐기는 사람도 없는 도루묵축제장!

내가 고성지역에 처음 직장 때문에 와서 살게 된 것이 1992년이다. 거진공업고등학교(지금은 거진고등학교로 교명이 변경됨)에 발령을 받아 눈 내리는 2월 이곳에 왔을 때 거진항에는 명태(일명 낚시태)가 산더미처럼 쌓일 정도로 많이 잡혔었다. 은빛 몸피를 가진 명태를 처음 보았을 때의 충격은 정말 컸다. 거진에 오기 전 나는 명태 색깔이 거무스름한 회색인 줄 알았는데 빛나는 은빛이라니! 그리고 초여름부터 8월까지는 오징어가 항구에 산더미처럼 쌓였다. 연미복을 입은 신사처럼 생긴 낚시로 잡은 투명한 몸의 오징어는 보는 것만으로도 머릿속이 환해졌다. 그리고 이 여름을 지나 초

겨울이 되면 또 항구엔 도루묵과 양미리가 산더미처럼 쌓였다. 명태나 오징어는 고급 어종이라 소중하게 다루었지만 도루묵이나 양미리는 너무 흔해 항구에 나가 어슬렁거리며 왔다갔다 하다 혹시 안면 있는 어부나 그들의 가족을 만나면 한 삽씩 퍼서 검은 비닐봉지에 담아 공짜로 주기도 했다. 참으로 고기 인심이 넉넉한 시절이었다. 그러나 해수 온도의 변화로 명태가 거진이나 대진항에서 사라진 지는 오래되었으며 오징어 역시 점점 동해안에서 서해안 쪽으로 옮겨 가고 있다고 한다.

어판장을 가득 채울 정도로 도루묵이나 양미리가 많이 잡히던 시절 동네 술꾼들이나 관광객들은 겨울 항구나 방파제에 나가 숯불을 피우고 그 알불 위에 석쇠를 얹어 도루묵이나 양미리를 구워 안주로 먹었다. 겨울바람에 귓불이 빨갛게 얼어도 바닷가에서 구워 먹는 도루묵이나 양미리는 별미 중 별미였다. 하나 이제 도루묵축제장에서 우리는 삼겹살을 구워 먹는 신세가 되었다.

도루묵은 11월쯤 알을 낳으러 근해에 들어오는데 암컷이 알을 수초에 낳으면 수컷이 그 알에 정액을 방사하여 수정한다. 그러나 지금 바닷속은 석화 현상이 너무 심해 수초가 살 수 없는 환경이 되었다. 물론 인간들이 도루묵 치어까지 그물로 싹쓸이하듯 잡아 씨가 말라버린 탓도 있을 것이다. 제어되지 못한 인간의 욕망이 바다와 항구와 우리의 식탁을 황폐하게 만들어버린 것이다. 이것뿐이랴 바다와 항구의 황폐화는 귓불을 빨갛게 얼리며 방파제에 나가 숯불이나 연탄불에 도루묵, 양미리를 구워 소주 안주로 먹으며 서로에게 건네던 질문의 시간까지 앗아가 버렸다.

레이첼 카슨은 "우리의 몸속에도 생태계가 존재한다"라고 했는데 자연생태계의 파괴가 급기야 인간 몸과 정신과 정서의 생태계에 파괴를 가져오고 있는 것이다.

이 도루묵 없는 도루묵축제의 계절이 가면 봄이 올 텐데 또 오는 봄들이 매년 매년 "春來不似春(춘래불이춘)"이 아닌 뭇 생명이 넘쳐 넘쳐나는 온전한 봄이길, 마침내 그 봄은 "침묵의 봄"이 아니길 간절히 바라본다.

김 남 극

———————— Kim Nam-geuk

강원도 봉평 출생. 2003년 《유심》 신인문학상 수상. 시집 《하룻밤 돌배나무 아래서 잤다》 《너무 멀리 왔다》 《이별은 그늘처럼》.

봄,
킬링 필드

아르메니아 예레반 제노사이드 붉은 노을에 놓인 장미꽃

광주 망월동 구묘지 남도 황토 진창 속으로 푹푹 빠지던 운동화 밑창

아우슈비츠 발바닥을 따라오던 금속성 목소리

삐걱거리는 몸을 곱게 말아 절을 하고는

제주 곤을동 지나 평화공원까지 순한 구릉을 넘어가면서

순교하는 숲을 보았지

이른 봄 가랑비 내리는 날 밤길 운전할 때면 핸들로 전해오는 탁탁 타다닥 불규칙한 리듬

레큐엠 같은, 속죄할 수 없는, 어긋난 날 날아온 음표

다음 날 마을 길바닥엔 단물 빠진 껌이 신발창에 붙듯, 찰떡이 길바닥에 짓이겨져 말라붙은 듯

내 차에 치인 개구리 두꺼비 죽음들

주검들, 점자처럼 더듬거려야 읽을 수 있는

지구의 소리를 들으며
묵상하는 밤

도시에 사는 사람들은 봉평과 같은 시골은 변화가 별로 없다고 생각하는 듯하다. 전근대적 농촌 공동체의 삶이 그대로 이어지고 있다고 짐작한다. 급격하게 변하는 도시의 산이나 개울과는 다르게 시골의 자연도 '전원적' 풍경을 지속하고 있다고 생각한다. 일부는 맞는 이야기지만 일부는 틀린 이야기이다.

이곳 강원도 산골에도 대규모 휴양시설이 생긴 지 30년이 넘었고 고속 기차도 다닌다. 귀촌 귀농의 이름으로 찾아와 정착한 사람들이 주민의 30%가 넘는다. 이곳이 정주민인 고향 친구 중 농업을 주업으로 하는 친구는 고작 두 명뿐이다. 스무 명 가량의 친구들의 생업은 자영업, 건축업, 대형 리조트 직원, 면장, 농협 상무, 대기업 현지 공장의 공장장 등 다양하다. 공식적으로 봉평은 농업 지역으로 분류되고 있으나 정작 농업은 대규모 영농인이 외국인 노동자의 노동력을 바탕으로 '경영' 차원에서 이뤄지고 있다. 그러니까 철저한 자본주의의 단면을 볼 수 있는 곳이라 게 정확한 분석이다.

이 변화된 자본주의적 생산양식은 새로운 농촌 사회를 만들어낸다. 측량을 해서 땅 경계를 다시 긋고, 분쟁이 나면 내용증명이 오가고 소장이 등기 우편으로 배달되는 일이 잦다. 외국인 노동자를 고용하고 관리하는 용역업체 사장이 고소득자가 되고, 정주민으로 살아온 노인들은 노령연금에 의지하는 빈곤층이 된다. 환경과 조화를 이루며 작은 면적에 다양한 작물을 재배하던 농업 방식은 진부한 것으로 폄하되고, 1종의 농산물만 대규모로 재배하는 현대적 농업 생산 방식이 자리를 잡았다. 땅 부자들은 임대농에 높은 지대를 받고 농토를 임대하고 외제차를 타고 해외여행을 다닌다. 그리고 오랫동안 농사짓던 그 밭엔 동남아에서 온 계절제 노동자들이 땡볕에 일을 한다.

    그 결과 자본주의의 당연한 결과라 할 수 있는 다국적 농업 양식이 자연스럽게 적용된다. 그리고 임금 착취, 환경 오염, 공동체적 삶의 파괴와 같은 자본주의의 문제들이 표면으로 부상한다.

    농업의 생산 방식도 자세히 들여다보면 큰 차이를 보인다. 논은 밭으로 바뀌었다. 밭작물의 생산성이 높기 때문이다. 그리고 3년 주기로 객토한다. 토양을 바꾸어야 병충해가 없고 생산물의 질이 높기 때문이다. 객토를 전문으로 하는 업자는 산을 파 흙을 팔아 이득을 남기고 그 산을 택지로 바꾸어 전원주택지로 분양하여 또 이득을 남긴다. 현지 농민은 객토한 밭에 일단 토양 살충제를 뿌리고 다국적 종묘 회사에 고가의 지적재산권료를 지급한 유전자 변형 작물을 심는다. 그리고 수도권의 대형 농산물 유통회사에 밭째로 팔아넘긴다. 농작물을 사들인 회사는 현지 관리인을 두고 외국인 노동자들을 고용해 대량의 화학 비료와 농약을 뿌려 작물을 '반듯하게' 키운다. 그 과정에서 종묘사와 농약사는 대형 농업 회사와 함께 이익을 취한다. 대형 농산물 유통회사는 '가락동 농수산물 시장'의 시세를 실시간으로 점검하면서 가장 높은 가격이 형성될 때 출하한다. 출하 직전 거의 매일 농작물엔 대량의 농약이 살포된다. 농작물을 잘 '살려 놓기' 위해 최선을 다한다.

  이 과정을 지켜보면 참 씁쓸하다. 그래서 동네 사람들은 수확이 끝난 밭에 남은 질 낮은 농산물을 가져다 먹지 않는다. 힘들여 키운 작물을 그냥 가져다 먹는다는 미안함 때문이기도 하지만 그 작물이 농약 덩어리라는 걸 알기 때문이다. 그런데 도시에서 온 사람들은 주인 허락도 없이 배추며 무를 마구 뜯고 뽑아 차에 싣는다. 동네 사람들은 서둘러 미국산 트렉터로 밭을 갈아엎는다. 남의 것을 염치없이 탐내는 사람들이 괘씸하기도 하지만, 농약 덩어리인 농산물을 먹게 내버려 두는 건 마음이 불편하기 때문이다.

　　이 새로운 농업 생산 양식은 농촌의 자연환경을 변화시키고 있다. 잦은 객토는 토양 유출과 하천 오염의 문제를, 과다한 농약 사용은 토양 오염의 문제를 가져온다. 생산 과정에서 생겨나는 비닐과 농약병을 무분별하게 방치하는 일은 일상이 된 지 오래다.

　　개울이 변했다. 어린 시절 맑은 물과 빛나던 자갈밭은 사라진 지 오래다. 어른 키를 넘는 갈대가 군락을 이뤄 사람이 들어갈 수 없는 개울로 바뀌었다. 하수종말처리시설이 없는 마을 도랑엔 물고기가 사라졌고, 이른 봄 겨울잠을 깬 개구리 사체가 둥둥 떠내려온다. 물이끼가 낀 봇도랑에서 할 수 있는 건 아무것도 없다.

　　이런 농업 사회의 생산양식 변화는 양극화의 문제를 가져왔고, 급격한 환경 변화는 지구 기후에도 영향을 미쳤다. 모두가 알다시피 지구는 뜨거워졌고 인간의 미래를 위협하는 단계에 이르렀다. 내가 사는 봉평도 매한가지이다. 한여름 에어컨 없이 살아온 사람들에게 열대야라는 곤혹스러운 여름밤이 길어지고 있다. 생각만 해도 쌉싸름하고 달짝지근한 향이 생각나는 곰취며 참나물 자생지가 급격히 줄어들었다. 두릅 순은 일찍 올라왔다가 서리를 맞기도 하고, 늦가을 철쭉이 피었다가 이른 폭설에 시들기도 한다. 경험하지 못한 더운 날씨가 지속되는 여름 동안 열대지방처럼 폭우가 오다가 가뭄이 지속되기도 한다. 예전엔 겪지 않았던 미세먼지 주의보를 뿌연 하늘을 쳐다보며 맞아야 한다.

우리는 이 모든 것이 연관되어 있다는 것을 설명하지 않아도 안다. 농촌이 아름다운 자연을 대신하지 않는다는 것도, 아름다운 자연은 법으로 정해 보호해야 하는 공간에서만 유지되고 있다는 것도, 그 아름다움도 얼마 못 가 무너지고 사라질 것이란 것도.

조만간 봄이 올 것이다. 봄이 오면 나는 밤에 내리는 비가 두렵다. 밤비가 내리면 조용하게 앉아 지구의 소리를 들으며 묵상하려고 노력한다. 그리고 개구리 두꺼비 맹꽁이를 걱정한다. 봄비 내리는 밤 내가 운전하는 차 바퀴 아래서 나던 소리를 잊을 수 없기 때문이다. '탁, 탁, 툭' 핸들에 전해지던 불규칙한 그 소리는 죽음의 소리라는 걸 다음 날 아침이면 알 수 있기 때문이다. 겨울을 힘들게 나고 온 힘을 다해 개울에 알을 낳고 자신의 터전으로 돌아가던 개구리와 두꺼비와 맹꽁이의 말라붙은 사체들. 내가 학살자가 되는, 내가 사는 마을이 '제노사이드'가 되는 일을 어찌해야 할 것인지. 그 사체 위로 적재함에 외국인 노동자를 태운 농업용 트럭이 오갈 봄. 그 봄을 기다려야 하는지. 생각이 머뭇거리는 창밖으로 눈이 내린다.

우 은 주

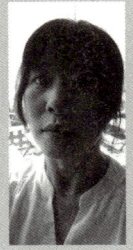

―――――― Woo Eun-ju
강릉 출생. 2019년 《황해문화》에 시를 발표하며 작품 활동을 시작했다.

물고기 유령

　꽃은 아무 때나 피는데. 날씨를 이길 수 없는 외투들이 춥다 덥다 이상한 말을 달고 산다. 원하는 것을 얻을 때마다 지상의 온도는 1도씩 올라가지. 언젠가 날씨를 이기는 인간이 등장할 테니. 물고기 루시만이 떠들어 댄다. 모든 소요를 개의치 않겠다. 불안을 잠식하는 가스를 마시며. 뜨거워지는 자신만을 식히고 아끼겠다 맹세하며. 인간이 되는 약을 먹는다. 땅을 딛고 숨쉬기까지. 인간을 연습한다.

　하나둘 어딘가로 고래를 데려가는 밤에. 물고기는 조용히 흰 무덤 사이를 맴돈다. 우리의 서식지였던, 지금은 침묵의 성지. 물 위 도시 불빛이 마블링 되는 기적을 보며. 저렇게 깨끗하고 화려한 곳, 뒤집힌 세계를 동경한다. 물속은 중요한 곳이 아니지. 가짜 뉴스를 풀며. 더 많이 만들도록. 더 많이 사야 한다고 부추긴다. 쓸모 있는 것만 쓰레기가 되지.

　빛이 가라앉는 곳으로 가라.

물 안에서.

　산을 깎고 강을 메우고. 바닷길을 막으며, 인간이 만든 도시에 감탄한다. 물고기는 자신이 옳았음을 기뻐했다. 빛을 가진 자만이 입장한다. 편리한 것을 이길 인간은 없어. 물고기는 마음껏 웃었고. 물속에 던져지는 탐욕스러운 인간을 보며. 고장나면 버려지도록 설정된 미래는 뜨겁고. 아직 아가미는 따듯해.

　루시, 한쪽 발이 완성되기 전에 다른 발이 푸르게 썩고 있어. 인간이 되려고 더 많이 버렸지만. 질식할 듯 퀴퀴하게 무음으로 방치된 천국에서. 이미 유령이 된 줄 모르는 물고기. 살아가야 하므로 또 다른 나를 구매하는, 물고기의 기쁨 루시. 이봐 지금 한가한 소리 할 때가 아닌데. 곧 행복을 좇는 신인류가 등장하는 줄 모르고. 다시는 물로 벌하지 않겠다. 깊어지는 어둠 속에서. 신의 음성을 들은 듯 웃고 있다.

미세먼지는
가난을 따라 돈다

휴대전화에서 날씨 앱을 연다. 2024년 OECD 국가 중 우리나라가 초미세먼지 1위라는 충격적인 기사를 본 이후 오늘 날씨와 미세먼지 농도를 확인하면서 하루를 시작한다. 정치적 이슈가 온 나라를 흔들 때도 지구 곳곳에서 전해지는 환경 뉴스를 놓치지 않았다.

아이큐에어(IQAIR)가 실시간으로 보여주는 전 세계의 대기질 오염 수치도 점검한다. 육상선수 아이를 키우며 생긴 습관이다. 대기질 상태가 좋지 않은 날은 실시간으로 미세먼지 농도를 점검하며 아이에게 문자를 보낸다. "마스크를 쓰고 달릴 수 없을까?" "오늘 훈련은 쉬어야 할 것 같은데?" "초미세먼지 최악의 날이야." "실내에서 훈련해야 할 것 같아."

비관적인 생각에 휩싸여 있으면서도 아이에게 두려움이 전이될까 봐 더는 내색할 수 없다. 건너편 건물이 먼지로 뒤덮여 흐릿한 잿빛 실루엣에 휩싸인다. 영화 〈블레이드 러너〉의 장면들이 자동으로 떠오른다. 먼지로 뒤덮인 우울한 하늘과 산성비가 내리는 어둡고 축축한 디스토피아의 골목길. 미세먼지 지수는 최악이다. 이 정도 날씨라면 집에 머무는 게 좋다. 급하게 처리해야 할 일만 없다면 외출을 자제해야겠지만 그러지 못한다. 두려운 마음을 안고 집을 나선다.

초미세 먼지 매우 나쁨, 미세먼지 나쁨, 서울 낮 최고기온 섭씨 36.2도, 바깥 활동 자제, 폭염경보.

한낮의 열기를 뚫으며 폐지 줍는 노인의 수레가 지나간다. 노인의 수레가 골목길에 꽉 막고 천천히 이동하기 때문에 앞지를 수 없다. 하는 수 없이 나도 노인의 작은 수레를 따라 걷는다. 매끈한 골목길 곳곳에 솟은 요철을 넘느라 덜컹거리며 수레가 나아간다. 수레 위에는 플라스틱 공병과 종이상자, 헌 옷 뭉치가 아슬아슬하게 쌓여 있다. 흐르는 땀을 닦아낼 새도 없이 그는 고개를 숙인 채 걸음을 옮긴다. 나는 아이의 건강을 걱정하지만, 폐지를 줍는 노인은 그보다 훨씬 직접적인 위협 속에서 살아간다. 미세먼지는 누구에게나 해롭지만, 누군가는 숨을 참고 피할 수 있고, 누군가는 그대로 마셔야만 한다.

초미세 먼지 매우 나쁨, 미세먼지 나쁨, 오후 4시 현재 서울 기온 섭씨 35도, 바깥 활동 자제.

가만히 서 있어도 등줄기로 굵은 땀이 흘러내리는 오후다. 노인의 속도에 맞춰 오후의 햇빛이 고부라진 그의 등에 앉았다가 사라진다. 수레에 엉성하게 묶인 물건 몇 개가 코너를 돌며 불안하게 흔들리더니 바닥에 떨어진다. 나는 물건과 함께 쓰러지려는 그의 수레를 겨우 잡는다. 노인도 수레도 멈춰 서지만, 물건을 주워 올리는 그의 몸은 늘어져 금방이라도 흥건하게 녹아내릴 듯하다.

초미세 먼지 매우 나쁨, 미세먼지 나쁨, 오후 5시 현재 서울 기온 섭씨 35도.

붉게 달궈진 부삽을 맨손으로 쥔 것처럼 뜨거운 여름 오후다. 떨어진 물건을 주워 올리며 나는 노인의 젖은 마스크와 이마를 본다. 땀이 눈꺼풀을 타고 쉴새 없이 마스크 속으로 떨어진다. 땀을 한 번 닦아내기도 전에 다시 흐른다. 노인의 마스크는 축축하게 젖어 숨 쉬기조차 힘들어 보인다. 노인의 무릎은 아스팔트의 열기를 그대로 머금어 붉게 달아올랐다. 짐을 다 싣고도 노인은 다시 일어날 기미를 보이지 않는다. 마스크를 턱 아래로 내리고 숨을 몰아쉬며 땀을 닦는다. 그러는 동안 그의 호흡기로 얼마나 많은 미세먼지가 흡입됐을까. 바람 한 점 없는 골목길은 화마가 휩쓴 듯 열기로 꽉 차 있고 그는 다 타들어 가 고꾸라진 숲의 나무처럼 앉아 있다.

    더운 날일수록 미세먼지는 더욱 치명적이다. 기온이 높아지면 대기 순환이 느려져 오염물질은 정체된다. 오존과 결합하며 독성이 더욱 강해진다. 특히 사회경제적 지표가 열악한 지역일수록 미세먼지 위험도가 크다는 연구 결과도 있다. 지난 2024년 3월 글로벌 대기질 분석업체 아이큐에어(IQAIR)가 공개한 〈2023 세계 공기질 보고서〉에 따르면 대기오염이 가장 심각한 국가는 방글라데시였다. 파키스탄과 인도 등이 그 뒤를 잇고 대기오염도가 심각한 도시 100개 중 99개가 아시아권에 있다. 중저소득 국가가 미세먼지와 초미세먼지에 더 많이 노출되어 있음을 확인하는 수치였다. 가난할수록 미세먼지에 더 많이 노출된다는 의미다.

이토록 건강에 치명적인 영향을 주는 오염물질 대부분은 화석 연료와 인간 활동에서 비롯된다. 편리함을 위해 치르는 혹독한 대가다. 온실가스를 많이 배출하는 나라는 미국, 중국, 호주, 일본, 캐나다, 러시아 등의 선진국이지만 기후 변화로 인한 고통은 온실가스 배출 책임량이 가장 적은 방글라데시가 겪는다. 공기질이 좋지 않은 나라일 뿐만 아니라 가장 극심한 기후 변화의 소용돌이 안에 있다.

인건비가 싼 나라에는 많은 공장이 지어지고 그곳에 사는 이들은 생존을 위해, 하루하루의 생계를 이어가기 위해 공장에서 발생되는 미세먼지를 더 많이 마시며 살아간다. 대기질이 나빠지고 오염도가 증가하지만 굶는 것이 나은지 아픈 것이 더 나은지 잘 모른다. 가난으로부터 그들을 보호할 어떤 장치도 없다. 매일 가난한 삶을 따라 지구의 미세먼지는 이동 중이고, 나는 메이드 인 방글라데시를 입고 미세먼지 지독한 날씨를 원망할 뿐이다.

그러니 우리, 불편함에 익숙해질 수는 없는 걸까. 소박한 삶을 자랑스러워하고, 더 좋고 편리한 곳으로, 고도화된 세계로 가라는 자본의 힘에 굴복당하지 않고 살아갈 수는 없는 걸까. 필요 이상으로 물건을 사라고 부추기고 더 많이 팔기 위해 더 많이 만들라는 자본의 강요를 듣고도 모른 척할 수는 없는 걸까.

하지만 다짐은 쉽고 실천은 요원하다. 나는 때때로 고장나면 버려지도록 디자인된 물건을 쓰고도 죄책감을 느끼지 못한다. 겨우 몇 계절 입으려고 옷을 산다. 그것은 잠시 나의 집에 머물렀다가 어느 강 하류에 쓰레기로 쌓인다.

수레가 다시 움직인다. 재활용 물건이 쏟아질까 봐 아까보다 더 단단하게 끈을 묶었다. 노인은 힘 조절을 하며 언덕을 내려간다. 1초에 12톤 생산되는 플라스틱이, 1분에 19만 벌 생산되는 옷이, 1시간에 250만 짝이 만들어지는 양말이 가파른 속도의 리듬에 덜컹거린다. 고장 나면 고쳐 쓸 수도 없는 물건은 수레가 언덕을 다 내려가기도 전에 완제품이 되어 세상에 쏟아진다. 노인은 수거한 재활용품을 팔아 오늘의 끼니를 때우고, 생산량의 10% 남짓 재활용될 뿐인 플라스틱은 제 운명을 모른 채 어딘가로 실려 간다. 운이 좋으면 새 생명을 얻거나 운이 나쁘다면 어느 강 하류에서 인간보다 더 오래 살아남을 것이다.

초미세 먼지 매우 보통, 미세먼지 보통, 오후 5시 30분 서울 기온 34도.

날씨 앱에 찍힌 오후 기온은 여전히 높다. 이렇게 덥고 이상한 날씨라니. 이러다 세상이 다 녹아내리는 건 아닐까. 걱정하는 동안 노인의 수레가 평지에 다다랐다. 그가 초인이라면 좋겠다. 뜨거운 지구 한 덩이를 수레에 싣고 강으로 내려가 차고 깨끗한 물에 더럽고 뜨거운 지구를 말끔하게 씻겨주었으면 좋겠다. 미치지 않고서 살아가기 힘든 세계에서 이 정도의 황당한 상상은 이미 이상한 일이 아닐지도 모른다. 서로가 서로의 안위를 모른 척하고, 앞다투어 자본이 만든 편리함의 꿀을 빨며 한가하게 환경 문제를 걱정하는 세상이라면.

폭염과 한겨울 동파 피해를 가장 많이 겪는 이들은 염료를 붓고 옷을 만들어야 생계를 유지하는 사람들이다. 그들은 탄소 배출의 일상과는 거리가 멀다. 가장 취약한 사람들이 그 대가를 치르고 있다. 페트병을 모아야 겨우 하루 끼니를 겨우 해결할 수 있는 사람들의 노동으로 이 문제를 해결할 수 있을까. 불가능하다. 누구도 나를 대신해 기온 상승의 공포 스위치를 내려주지 않는다

편리함을 위해 우리는 너무 많은 것을 소비해 왔다. 이대로 간다면 소멸을 피할 수 없다. 화석 연료와 플라스틱 사용을 줄이고, 과잉 생산과 소비를 멈추려는 노력이 절실하다. 불편함에 익숙해지는 것만이 우리가 이 위기를 넘어설 방법이다.

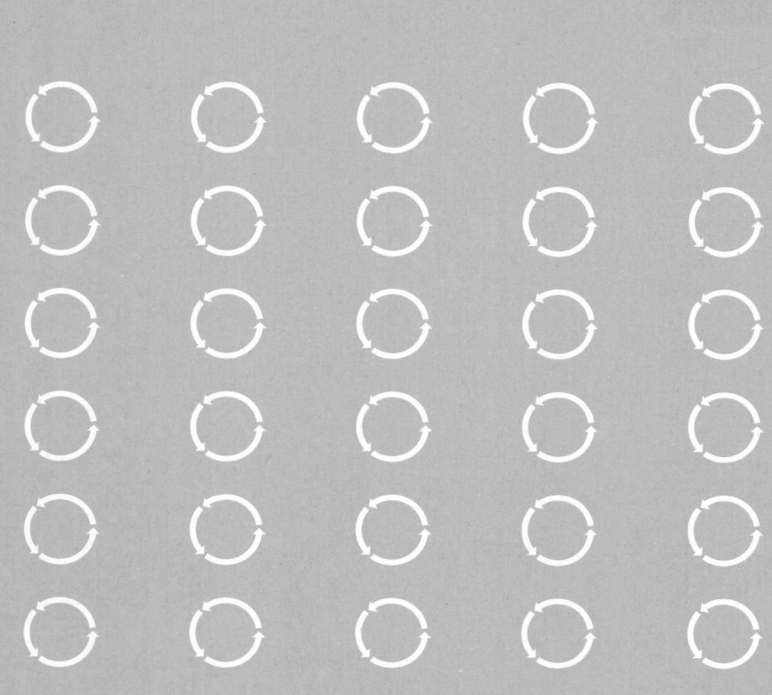

권 현 형

Kwon Hyun-hyung

1995년 《시와시학》으로 등단. 시집 《중독성 슬픔》《밥이나 먹자, 꽃아》《포옹의 방식》《아마도 빛은 위로》 등. 미네르바작품상, 난설헌시문학상 등 수상.

영원이라는
예쁜 말의 쓸모

골수에 아름다운 무늬가 새겨진
바다와 골목을 잊을 수 없다
바다와 골목을 버릴 수 없다

사람들은 늘 생을 사랑했던
옛날 그곳으로 돌아온다[*]
옛날 말투가 묻은 옛날 가구를 쉽게 버리지 못하는 까닭

생명의 질감을 이해하는 것으로부터
사랑이 시작된다

비의 푸른 빛 나무의 푸른 빛은
사방으로 번진다, 번짐이 없다면
푸른 안광으로 정신을 증명할 수 없을 거다

---

* 메르사데스 소사, 〈사소한 것들에 대한 노래(Cancion De Las Simples Cosas)〉.

다음 생에 우리는 누굴까
돌의 심장에 귀 기울여 본다
설레니? 아직 기다리고 있니?
그런데 여기까지야
세계와 나 사이에 펼쳐진 칼날이 아프게 만져진다
끝을 알 수 없는 염려의 밀물이 현관 앞까지 들이닥친다

나비의 폐에 꽃의 지문에 사람의 뇌에
식량으로 일용하는 플라스틱 조각이 들러붙어 있다
바다가 불타고 골목이 불타고 있다
예쁜 마음이 가득 담긴 말 영원이라는 말을
고어 사전에서나 찾게 될지도 모른다

책을 읽다가 감명받으면 책 속에서 살게 된다
지구에 살면서도 그 안에 있지 않은 사람처럼

공명을 모르는 사람처럼 내일의 정처에 대해 모른 척했다

옛날 방식으로 옛날 사람의 사랑으로
오늘, 나비의 고통에 나의 고통을 심는다

인간을 깊이 지탱하는 것,
자연스러운 모든 것

    무해한 공기, 무해한 물과 함께 있기 위해 가끔 강릉을 내려간다. 사실은 내 옆에 내가 고요히 머물기 위함이기도 하다. 경포호수 주변을 걸으며 풍경을 보기도 하고, 풍경에 비친 나를 들여다보기 위해 강릉을 가는 것이다. 보리스 파스테르나크의 〈닥터 지바고〉를 보기 위해 야간 자율학습 시간 몰래 빠져나가 극장을 갔다가 교무실까지 불려 가 혼났던 수십 년 전의 기억이 생생한 곳, 김수영과 윌리엄 블레이크를 처음 읽으며 시의 씨앗이 뿌리를 내리기 시작한 곳이 강릉이다. 무엇보다도 경포호의 두근거리는 심장 파동을 감촉하며 첫사랑과 영원히 함께 있을 듯 붙어 다녔던 기억 덕분에 강릉은 훼손되지 않은 순정한 마음의 생태 공간으로 남아 있다.

    처음 손을 잡았던 기억으로 지구에 대해 생태에 대해 말해야 한다. 결국은 사랑이다. 인간에 대한 사랑, 자연에 대한 사랑, 지구에 대한 사랑으로 예쁜 마음이 가득 담긴 영원이라는 말을 지속적으로 쓸 수 있을까, 지구의 훗날을 기약할 수 있을까, 자신이 없어진다. 영원이라는 말의 쓸모는 희망을 잃지 않는 것이다. 인류의 미래에 대한 설렘과 기대로 생태와 환경에 접근해야 한다. 온난화로 뜨거워지는 지구의 고통을 진심으로 마주하는가, 스스로 물어보게 된다.

아침마다 해독 야채를 갈아먹은들 미세먼지 속 중금속과 플라스틱 중독 상태에서 벗어나기 어려운 게 현대인의 현생이다. 모두가 지구 위기를 말한다. 그런데도 환경이나 생태를 말하려고 하면 입이 떨어지지 않는다. 위기를 극복하려는 노력을 지속적으로 실현하지 못한다는 자의식, 죄의식 때문이다. 이 글을 계기로 생태에 대해 지구 미래에 대해 기후 위기에 대해 구석에서라도 쪼그맣게 말해 볼 작정이다.

지구 환경, 생태 문제만큼은 근본주의자가 되어야 한다. 지나친 개발과 광속 발달의 지연, 최소한 사용하기, 덜 망가뜨리기, 덜 오염시키기 등의 방식으로 최소주의자가 되는 게 유일하고 적극적인 전략일 수 있다. 어쩌면 편리와 소비의 욕망에 길들여진 이제껏의 삶을 갈아엎고 새로운 방식으로 다시 시작해야 할지도 모른다. 사랑의 마음이 아니라면 나인 듯 타자를 아끼기는 쉬운 일이 아니다.

강릉에 가게 되면 약속보다 일찍 나가 근처 성당에 앉아 있다가 만남의 장소로 이동하는 경로를 좋아한다. 평일 한낮의 성당은 세례받지 못한 자가 혼자 묵상할 수 있는 은총과 혜택을 보이지 않는 너그러운 신으로부터 부여받을 수 있다. 스테인드글라스 창문을 뚫고 나온 빛의 다양한 프리즘이 기도의 책상 위에 길게 어룽대는 모습을 신비하게 바라보며 아무것도 기도하지 않고도 충만한 진공 상태에 가만히 놓여 있을 수 있는 특별한 기쁨이 그 순간에 있다.

작년 봄에는 강릉 임당동 소재 성당을 찾아갔다가 주간 소식지를 우연히 챙겨 나왔다. 나중에 읽어보니 인류가 고통받는 기후변화, 기후 위기에 대한 특별한 메시지가 담긴 주보였다. 가난과 불편함을 선택하려 노력하는 것이 다른 이들의 아픔을 덜어주는 길이라는 신부님의 말씀도 사랑에 바탕을 둔 근본적 해법이 될 수 있겠다는 생각, 지구 위기 극복의 작고도 큰 실마리가 될 수 있겠다는 생각이 들었다.

무엇이 인간을 지탱할 수 있는가, 누군가 내게 묻는다면 자연스러운 모든 것이라고 답하겠다. 불연속적이고 파편화된 세계에서 모든 것이 파괴되기 쉬운 시절이다. 생명의 귀함을 망각한다면, 뭇 생명이 얽혀 있는 귀한 관계의 연결고리를 놓친다면 인간도 자연도 급속하게 망가질 것이다. 관계의 파괴는 모든 것의 붕괴를 암시한다. 최근 강릉을 내려갔을 때 강릉시가 160억 이상의 거액을 들여 경포호에 길이 400m, 최고 분출 높이 150m 규모의 인공분수를 25년 8월까지 준공할 계획이라는 소식을 듣고 적잖은 충격을 받았다. 공공 차원에서 자연을 개발할 때는 설계하는 주체가 끈질기게 사유하고 성찰해야 한다. 시민들과 대화하고 탐색한 후에 경포호의 역사 정서 생태적 가치를 모두 고려한 방향으로 실행해야 한다.

  어울림의 미학에 맞게, 강릉의 가치를 보존할 수 있도록 강릉답게, 이건 구식의 슬로건이 아니라 발전의 중요한 지표가 될 수 있어야 한다. 경포대와 함께 명승지며 도립공원으로서 의미를 지니는 경포호는 공동체의 중요한 유산이자 보물이다. 경포호수를 내려다보고 있는 경포대와 오랜 세월 호수를 지키고 있는 월파정을 비롯 인근의 해운정, 금란정, 취영정 등의 정자까지 고려했을 때 인공분수가 조화롭게 아름다운가, 심미적으로 고려해야 한다.

경포대는 과거와 현재 미래까지 이어지는 이야기가 가득한 곳이다. 경포대를 아끼고 사랑한 선대 사람들의 글이 누정 곳곳에 아로새겨져 있고 정철의 〈관동별곡〉에서 아름다움을 극찬한 곳일 뿐만 아니라 경포대를 찾아온 사람들이 낭만과 서정을 통해 각자의 삶에 힘을 얻고 돌아가는 곳이기도 하다. 이렇듯 기억과 현재 그리고 미래가 중첩될 때 자연경관인 경포호의 서정과 쓸모가 깊이를 지닐 수 있게 된다.

4대강 개발 사업으로 모래톱을 파내고 보로 강을 막은 결과 녹조가 창궐한 지 13년의 세월이 흐른 지금, 낙동강 하구 주민들의 코점막에서 녹조 독소가 검출되었다는 보고를 언론의 탐사 프로그램을 통해 접하게 되었다. 개발 당시 각별한 관심을 갖고 일군의 작가들과 함께 현장을 순례하며 생명의 표본으로 남아 있어야 할 아름다운 자연이 샅샅이 잔인하게 파헤쳐지는 모습을 목도했던 트라우마가 떠올랐다.

두통, 피부발진, 비염 등 일상적으로 겪을 수 있는 증상 외에, 녹조 독소가 계속 쌓이게 되면 간암 등 치명적 질병에 걸릴 위험이 있다고 한다. 녹조가 많이 발생하는 지역과 알츠하이머, 파킨슨 등 퇴행성 질병과의 상관성이 높은 점에 주목하고 국제 학회에서는 녹조의 위험성을 중요한 학술 테마로 받아들인 지 오래다. 코점막을 통해 혈액으로 뇌로 바로 갈 수 있는 녹조 독소는 조용한 살인자로 불린다. 공범이 되지 않기 위해서는 정부가 생태계 전반의 미래까지 고뇌하고 연구해서 실행해야 한다는 것을 새삼 깨닫게 된다.

경포호는 바닷물과 민물이 만나는 자연 석호라 서식지가 중첩되므로 생물 다양성이 우수하다. 미생물 외에 1,006종의 생물이 분포하는 곳이고 수달 고니류 같은 다수의 멸종 위기종이 월동하거나 서식 중이고 이름 모를 겨울 철새가 해마다 찾아오는 곳이다. 관광 활성화와 수질 개선을 목적으로 대형 인공분수뿐만 아니라 수중폭기 등의 조형물을 점진적으로 경포호수 안에 설치할 계획이라는 강릉시 관계자들이 생태계 보호지역에 대한 교양을 갖추고 있는지 궁금하다. 갑자기 대형 조형물이 들어섰을 때 파생될 생태계 교란에 대한 걱정을 해봤는지, 수질 개선과 환경 정화에 유의미한가를 전문가와의 합동으로 충분히 검토했는지, 관광 활성화에 관한 시뮬레이션이 충분했는지, 아직 8월이 오기 전인 오늘 한 가닥 희망을 갖고 질문하는 바이다.

　　경포호는 지반이 거의 암반이라 새들이 딛고 올라서 있기 좋은 특성을 갖는다. 분수를 설치하겠다는 곳은 하필 썰물 때 왜가리 황새가 암반 위에 서서 먹이 사냥을 즐겨 하는 곳이다. 인공분수가 설치되었을 때 효과적 물순환으로 수질 개선에 도움이 되는 호수도 있으나, 경포호의 경우 하루에 네 번씩 해수가 드나들어 물순환이 잘되는 곳이라 분수에 의한 물순환이 필요 없다는 것이 전문가들의 견해다. 경포호는 이미 산소가 포화농도 수준에 와 있는 수체라 용존 산소 공급이 필요 없는 호수라는 것이다. 그런 점에서 경포호 환경개선 명목의 인공 분수 설치가 합목적성을 잃게 된다.

　　여러 정보를 살펴본 바에 의하면 1m밖에 되지 않는 수심의 한계를 보강하기 위해 필연적으로 3m 폭으로 바닥을 파내고 분수를 설치할 때 들고나는 물의 흐름이 많아 분수가 금방 막히게 될 수 있다는 게 예상해 볼 수 있는 심각한 앞날이다. 그리되면 인공분수는 처치곤란한 고형 폐기물로 전락하거나 오염관리 및 유지

장치를 위해 막대한 혈세가 들어갈 수 있다. 분출 분수는 인근의 세 군데 샘물을 사용할 계획으로 알려져 있는데 샘물에 들어있는 인이 호수로 들어와 부영양화를 가중시킬 수 있다. 보호해야 할 귀한 천연물을 발전의 개념으로만 접근한다면 풍경과 폭력의 이미지가 그로테스크하게 나란히 놓이는 결과에 다다르게 된다.

    모든 것이 연결되어있다는 것을 잊는 것도 폭력적 실존이 될 수 있다. 호수의 심장에 조형물을 세워 얻는 불확정성의 이득과 빙하기 유산인 경포호의 생태적 문화적 가치를 수리적 가치로 비교 평가할 수 없다. 인간은 언젠가 태양계로 자연계로 회귀한다. 내 육신의 정처를 생각하는 게 생태적 사유의 기본이 될 것이다. 나와 친연관계인 다른 생명체의 말에 귀 기울이는 것이 인간을 포함한 지구 생태계 보호의 첫걸음이다. 잊지 않고 계절마다 돌아오는 큰고니의 눈부시게 흰 날개 덕분에 인간이 몰락하지 않고 고결한 정신이라는 것을 지닐 수 있게 되었음을 믿는다.

이 동 욱

Lee Dong-Uk

2007년 《서울신문》 시부문, 2009년 《동아일보》 단편소설 부문, 소설집 《여우의 빛》, 시집 《나를 지나면 슬픔의 도시가 있고》 《우리의 파안》, 수주문학상을 수상하였다.

날씨의 측근

공중에서 보면 이토록 간단한 것을

굳어 있는 것들 위로
처음인 듯 지나간다

스쳐 가는 것은
지난 뒤에야 보이는 것들

무연히 하늘을 쳐다보는 사람에게 보이고
보이지 않고
알다가도 모른다는,

그것은 날씨와 같아
슬프면 모두가 고개 숙이고, 오늘은
견딜만하지

소중한 것은 왜 잃어버린 뒤에야 알게 될까

내 경애하는 측근은 말이 없다
함께 걸으면 금세 손이 축축해진다

이 길을 바람이 차지하고,
서툰 비와 무거운 눈이 번갈아 오더라도
측근의 날씨는 정해져 있지 않아
다만, 오늘도 그 영향권을 올려다본다

우리
내일 봐요

최근에 〈투모로우〉라는 영화를 봤어요.

그래? 무슨 영화인데?

지구에 빙하기가 찾아온다는 재난영화예요.

온난화 얘기인가?

넓게 보면 그런 셈이죠.

그래, 온난화 심각하지. 그래서 그런가 요즘은 갈수록 겨울이 추워지는 거 같아. 오늘만 해도 옷을 몇 겹이나 껴입었는지 몰라.

저는 귀랑 손끝이 그렇게 차가워요. 바람만 불면 저릿저릿하다니까요. 저도 이제 나이를 먹나 봐요.

젊은 애가 못하는 소리가 없네. 그래서?

네?

영화 얘기. 계속해 봐.

아, 결국 온난화 영향인데, 지구가 점점 따뜻해지면서 북극 얼음이 점점 녹고 있다는 건 아시죠? 그런데 그 해빙 속도가 갑자기 빨라지면서 어느 날 얼음이 한꺼번에 녹아버린 거예요. 그때 지질학자인 주인공이 현장에 있다가 그 현상을 목격하게 되고, 돌아와 정부에 이 사실을 알리는데…

다음부터는 뻔한 스토리네. 관료주의에 찌든 정치인들은 사건을 대수롭지 않게 여기고, 자료가 확인될 때까지 기다리는 말만 되풀이하겠지. 그러다 진짜 큰 사건이 터질 테고.

어머, 영화를 본 것처럼 얘기하시네요. 아무튼 그렇게 시간이 흐르면서 북극의 찬 공기가 태풍을 만들어 지구 북반구를 중심으로 점점 아래쪽으로 퍼지게 되요. 재난 묘사가 압권이죠. 영화에서는 북극에서 발생한 냉기가 항공기 연료마저 얼릴 정도라고 묘사되요. 추락한 헬기 조종사는 문을 열고 나오자마자 그대로 얼어버리죠. 그래서 사람들이 모두 남쪽으로 피난을 떠나는데, 문제는 마침 주인공 아들이 뉴욕에 고립돼 버려요. 아들이 급한대로 피신한 곳이 바로 '뉴욕 도서관'. 그 안에서 사태가 진정될 때까지 버틸 생각이었는데, 중간에 여러 가지 우여곡절을 겪게 되죠. 그러던 중 아들이 부모와 유선통화를 위해 1층 공중전화기를 쓰는데, 또 그곳에 해일이 닥쳐 복도는 온통 물바다. 아들은 온몸에 찬물을 뒤집어쓰고 아버지와 마지막 통화를 하죠. 그때 주인공은 아들에게 말하죠.

절대 밖으로 나오지 말고, 그대로 있으라고. 내가 구하러 갈 테니 도서관 안에 있으라고. 주인공은 곧 한파가 몰아칠 거란 걸 안 거죠. 그리고 그걸 자신이 뚫고 가겠다고 말해요.

    부성애가 액티브하구나. 그 정도 신파는 견딜 수 있지.

    영화 보실 거예요?

    아니. 괜찮으니까 말해봐.

    결말은 뭐, 해피엔딩이죠. 아버지는 아들을 구하고, 빙하기를 몰고 온 태풍은 마침 기세가 꺾여 멈추게 되요. 저는 중간에 피난 온 미국인들을 막아서는 멕시코 국경 묘사가 인상적이더라고요. 결국 미국 대통령이 멕시코 부채를 탕감해 주는 조건으로 다시 국경이 열리긴 하지만요.

    환경 이슈 앞에서 강대국도 어쩔 수 없구나.

    도서관에 피신한 사람들은 추위를 피하기 위해 벽난로에 불을 지피고, 책을 태우기 시작해요. 그때부터 도서관은 거대한 땔감이 되죠.

    지식의 보고가 생존의 도구라니 재밌는 설정이네.

영화에서 도서관 사서가 마지막까지 붙들고 있는 책이 성경 초판본이에요. 당장 얼어 죽게 생겼는데 그게 뭐라고 하는 생각이 들었다가 나중엔 뭔가 뭉클하더라고요. 참, 그때 아버지와 통화하기 위해 찬물에 몸을 담근 아들이 저체온증에 걸리게 되죠.

저런.

그대로 두면 세포가 파괴되면서 결국 장기 활동이 멈추면서 죽을 수도 있는 상태죠. 온몸이 떨리면서 피부가 파랗게 변해요. 그때 옆에 있던 여자 친구가 자기 옷을 벗더니 그의 외투도 벗기고 갑자기 끌어안는 거예요.

갑자기?

뭐 하는 거냐고, 아들이 놀라서 물으니 이렇게 상황을 설명해 주죠. 너는 지금 저체온증에 걸린 상태다. 이대로 두면 생명이 위험할 수 있다. 그러니 이렇게 하는 거다.

하긴, 저체온증에 걸린 사람에게 체온이 가장 중요하지.

그리고 그 사람의 체온을 끌어올릴 수 있는 가장 효과적인 방법은 바로 다른 사람의 체온이라는 거죠.

그래서 껴안았구나.

저는 그 장면이 오래 기억에 남아요. 저의 평범한 체온이 때로는 다른 사람의 목숨을 구할 수 있다는 거잖아요. 내가 온전히 가지고 있지만 동시에 얼마든지 나눠줄 수 있는 게 내 몸의 온도라니. 두 사람은 도서관 복도에서 오래도록 서로를 껴안고 있어요. 밖에는 눈보라가 치고, 온갖 것들이 바람에 날려 공중을 떠다니는데도 두 사람의 포옹은 조용하게 이어지죠.

오래된 영화야?

2004년 영화니까 20년쯤 전에 나왔네요.

그때부터도 환경 문제가 중요한 이슈였구나. 이제는 '기후 변화'라는 말 대신 '기후 위기'라고 하지. 말 하나, 명칭 하나 바뀐다고 뭐가 그리 크게 달라질까 싶지만, 사실 어떤 변화를 끌어내려면 제대로 된 명칭부터 시작해야지.

그런데 20년이나 지났지만 크게 달라진 건 없는 거 같아요.

어떤 흐름은 너무 느려서 쉽게 알아차리게 힘들기도 하지. 하지만 분명한 건 그 흐름은 언제나 진행 중이라는 거야. 다만 우리는 그 속도를 아주 조금씩 느리게 할 뿐이지.

    온난화 얘긴가요?

    아니, 내 나이 얘기야. 그만 일어날까? 이제 곧 남편 돌아올 시간이야. 저녁 먹어야지.

    그런가요? 이제 일어날까요?

    그래. 다음에 또 보자. 오늘 잘 마셨다.

    네. 다음엔 제가 살게요.

    웬일이야? 그럼 비싼 데로 갈 거야.

    그래요? 그럼, 내일 봐요.

    정말? 그래. 내일 봐.

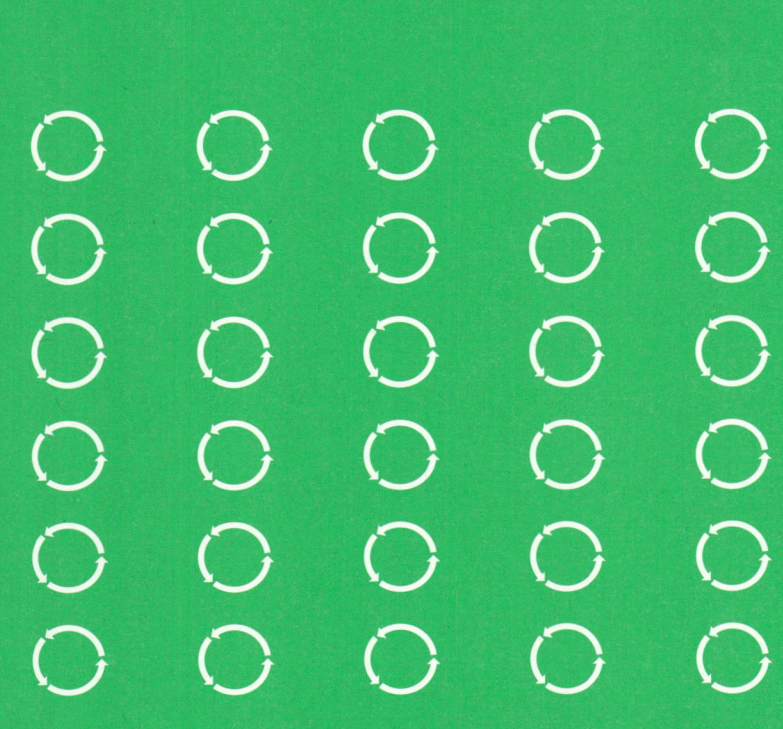

조 온 윤

——————— Jo On-yun

1993년 광주 출생. 2019년 《문화일보》 신춘문예에 당선되며 작품 발표를 시작했다. 시집으로 《햇볕 쬐기》가 있다. '공통점' 동인이다.

산성비 미래

우리가 사는 집의 지붕과 담벼락
빗속에서 조금씩 슬어가는 걸 보네

구옥이 된 이층집이 빌딩 사이에 끼어
도시 경관을 흐트러뜨리는 걸 보네

그 집을 향해 우리
두 손 머리 위로 지붕을 만들고 뛰어가네
겨우 정수리만 가릴 정도로 작은 손 지붕을

흠뻑 젖은 꼴을 봐
빗물에 젖으면 추해지는 건 우리도 같네
추함은 비구름이 몰고 오는 전염병 같네

검은 쥐처럼 구멍을 찾아가는 빗물
이 빗물에는

어디선가 녹아내린 눈사람이 섞여 흐르고
어디선가 재수 없어 뱉은 가래침이 섞여 흐르고
어디선가 클로로벤젠과 포름알데히드
어디선가 비명횡사가 섞여 흐르고

그것은 한데 모여 먼 훗날이 되네
먼 훗날이 되어 우리의 머리 위로 내리네
겨울엔 투명한 빗방울이 되어
여름엔 희디흰 결정이 되어

먼 훗날을 가리키며 저기 봐,
우리가 살던 집의 지붕과 담벼락
꿈쩍도 하지 않고
그 자리에 선 채로 죽어 있는 걸 보네

더 이상 흐트러뜨리지도 않고

더 이상 어질러뜨리지도 않고

이상할 것 하나 없는
자연경관이 되어

여전히 비 오네
빗속에서만 빛을 받아 겨우 아름다워지는
이 도시에 비 오네

태초부터
미래까지

 사실 내게는 지구 환경에 대한 경각심이랄 게 거의 없다. 지난 며칠만 해도 플라스틱 용기를 남기는 배달 음식을 먹고, 텀블러 없이 외출해서 일회용 종이컵에 담긴 커피를 마셨다. 잇따라 날아오는 택배 상자와 어딘가에 숨어 증식하듯 자꾸만 생겨나는 비닐봉지까지, 하루치 생활이 만들어낸 쓰레기만 해도 차고 넘친다. 집이 좁아 아침 출근길에 집 앞 분리수거장에 들르곤 하는데, 문을 나서는 손에 쓰레기를 들지 않고 나오는 날이 없다시피 할 정도다.
 이게 지구의 귀에 건네는 나의 고해성사다. 매일 쓰레기를 사고 버린다. 정확히 말하면 쓰레기가 될 것들을 사들이고, 사용하고, 내다 버린다. 그 모든 일을 대개는 자각도 없이 한다. 죄책감이 마음 한편을 찌를 때도 있지만 그것도 잠시일 뿐, 평소와 다름없이 쓰레기를 들였다 내보내는 일은 되풀이된다. 지구에는 나와 같은 인간이 수십억 명 살고 있고, 찰나의 죄책감도 수십억 분의 하나로 희석된다. 미래 세대나 동식물 친구들을 위해 약간의 불편은 감수하자며 목소리를 모으는 이들에게 미안하지만, 이 거대한 행성의 건강을 떠올리기에 나라는 존재는 너무 하찮게 느껴지고, 나 한 사람의 무심함이나 비협조가 끼치는 영향도 필시 미미할 거라고 어림잡고 만다. 전 세계인이 아무리 텀블러를 애용하고 분리수거를 잘해도 국가나 기업 단위의 산업 쓰레기가 줄지 않는 이상 환경에 아무런 반향을 주지 못한다는 이야기도 있으니까.

그 이야기가 사실이든 아니든 내게는 면죄부가 없다. 사실이라고 할지언정 행동하지 않는다는 데서 비롯되는 부끄러움을 완전히 없애주지는 않는다. 황폐해진 세상에서 살아남기 위해 인류가 방주를 짓게 된다면 승선 명단에서 내 이름이 가장 먼저 지워져도 할 말은 없을 것이다. 모든 인류가 무사히 탑승한 배의 후미를 뭍에 혼자 남겨져 바라보게 된다면 무서울까? 정말로 무서운 건 세상에는 스스로 합격점을 줄 수 있는 사람보다 나 같은 부적격자들이 압도적으로 많다는 것이다. *세상은 너무나 썩어 있었다. 그야말로 무법천지가 되어 있었다. 그래서 저것들을 땅에서 다 쓸어버리기로 하였다.*[*] 노아가 건조한 배에 인간은 겨우 노아와 그 가족들

---

* 창세기 6장 11절~6장 13절 발췌. 대한성서공회, 공동번역 개정판.

만 탈 수 있었듯이 이십일 세기의 방주도, 나와 함께 땅 위에 남겨진 이들이 훨씬 많을 게 분명하다.

이쯤 떠올리니 이어지는 생각은 창세의 대홍수는 신의 권능이라기보다 인간이 스스로 일으켜 돌려받은 재해, 인류 최초이자 최악의 인재(人災)일지도 모른다는 것이다. 이야기란 언제나 서술자의 관점에서 재편집되듯이, 인류의 멸절을 가져다 올 뻔한 어떤 과실을 '무법천지' 단 네 글자로 요약하고 잔인한 신이 벌인 심판 정도로 덧씌운 것일 수도 있다. 교묘한 책임 회피나 눈가림은 지금도 마찬가지이다. 우리가 기껏해야 가능한 일들, 일회성 소비를 줄이자거나 알루미늄과 플라스틱을 분별하여 배출해달라는 그 소박한 주장조차 소용없다면서 도로 가득한 차량과 바다 너머의 공업지대를 가리키고 있으니까 말이다.

저길 보라며 검지로 다른 곳을 가리킬 때면 나머지 손가락은 모두 나를 향하고 있게 마련이다. 앞서 밝혔듯이 이 모든 건 결국 내 이야기이다. 그리고 우리 모두의 이야기이기도 하다. 방 안에 쓰레기가 쌓이면 치워야 한다는 생각을 마땅히 하게 되듯, 창조주가 애써 만들어놓은 세상에 너무 많은 혼탁과 오염을 일으키는 인간들을 쓸어버려야겠다는 귀결을 지었던 건 당연하게 느껴진다. 태초부터 지금까지 인류의 방만이 곧 발단이 되는 그 전개는 그리 달라 보이지 않고, 우리의 미래도 예외란 없을 게 분명하다. 그나마 다행이라면, 비록 나와 같은 이들에게는 승선권이 주어지지 않겠지만, 그렇다고 모든 인류가 자정 기능을 잃고 절멸을 향해 걸어가고 있지만은 않다는 것이다.

눈을 돌리면 거리에서 피켓을 든 활동가로, 신문 한쪽의 지면을 할애받은 문필가로, 또는 폐품을 재료 삼아 조각하는 예술가의 작업으로, 의식과 반성이 사라진 집단과 세대가 어떤 재앙을 맞게 되는지 끊임없이 전하는 목소리가 있다. 이대로라면 지금이 평화로운 일상을 누리는 마지막 시대가 될지도 모른다며, 이미 여름은 더욱더 타오르고 겨울은 더욱더 얼어붙는 이 시대에, 종말을 몇 걸음 앞으로 끌어당기려는 게 아니라면 부디 깨어나라는 당부를 전하면서. 그마저도 없었다면 우리네 지구의 형편이 점점 더 나쁜 쪽으로 기울고 있다는 인식은 물론, 매일 크고 작은 쓰레기를 만들고 버리면서도 스스로 일말의 양심조차 가책하지 못했을 게 분명하다.

우리로 하여금 다음 세대에 온전한 세상을 물려줄 책임과 의무가 있다는 사실을 깨닫게 하는 여러 가지 경종이 있지만, 나에게 인간의 교만과 욕심으로 망가지는 미래 세계에 대한 공포와 경고를 각인시켜 준 것은 구로사와 아키라 감독의 영화 〈꿈〉이다. 영화는 몽환적인 살풍경 속 여덟 편의 꿈 이야기를 옴니버스 형식으로 보여준다. "이런 꿈을 꾸었다"라는 압운으로 시작하는 각각의 꿈들은 때로 근미래의 재앙과 종말론에 대한 두려움이 서린 악몽으로 나타난다. 설산을 정복하려다 조난당한 대원들이 서서히 희망을 잃어가거나 세계대전의 트라우마를 간직한 듯한 유령 군인들이 구천을 떠도는 꿈은 차라리 꿈 같은 건 꾸지 않는 게 낫겠다는 생각이 들게 한다.

그리고 가장 절망적인 세계를 보여주는 여섯 번째 꿈, 원전이 폭발하며 발생한 방사능 유출로 종말을 목전에 두게 되는 에피소드에는 방사능으로부터 달아나는 주인공 남자와 필사적으로 제 자식들을 살리려는 여자, 원전 사고의 내막을 알고 있는 중년의 연구원이 등장한다. 그들은 붉은 모래바람같이 가시화된 모습으로 불어오는 방사능을 피해 절벽 끝에 함께 다다르고, 인간이 만들어 냈으나 통제할 수는 없는 재앙 앞에서 아무런 저항도 하지 못하고 절망하면서 끝을 맞는다. 어딘가 낯익은 듯한 악몽을 비춰주는 이 영화는 제작 당시 기준으로 불과 몇 년 전의 체르노빌 사고를 되새기면서, 동시에 이십여 년 후 후쿠시마에서의 비극을 경고한 것처럼 보이기도 한다. 이 영화가 예언은 아니기를 바랄 뿐이다. 그다음으로 이어지는 꿈 이야기는 방사능에 피폭되고도 생존한 소수의 인류가 들판에서 오니처럼 흉측하게 변해 살아가는 세상이니까.

이렇게까지 비관적으로 미래를 상상하는 건 지나친 걸까? 하지만 지나치다고 느껴지는 것들은 지금도 우리의 눈에 보이지 않는 곳에서, 이를테면 태평양 한가운데를 떠다니는 몇만 톤 부피의 플라스틱 섬으로, 제삼국의 해변과 사막에 쌓여가는 거대한 헌 옷 폐기물 산으로 나타나고 있다. 이 사회에 발붙이고 살아가는 한 우리의 생활 속에서는 끊임없이 폐기물이 배출되어 어딘가로 흘러갈 것이고, 그것들이 수십 년에 걸쳐 만들어낼 산맥과 대륙의 크기를 대부분은 가늠하기는커녕 존재조차 인지하지 못할 것이다.

　마찬가지로, 기사 속 사진으로 보았던 그 쓰레기 섬과 산을 나는 아마 평생 눈앞에서 목격하지는 못할 것이다. 하지만 그런 이격과 단절이 헌 옷에 파묻힌 해변과 암울한 미래를 그리는 상상을 완전히 막아주지는 않는다. 앞서 밝혔듯이 이건 환경에의 뚜렷한 경각이나 책임 없이 살아온 나를 가리키는 고백이지만, 나머지 손가락으로 우리 모두를 아우르며 말하는 방백이기도 하다. 문명 속에 살아 있는 한 우리의 일상에서 만들어질 잔재들을 완전히 가로막는 일이 불가능하다면, 무심하게 채워지고 비워지는 쓰레기들 앞에서 느끼는 이 두려움과 부끄러움을 외면하지는 않겠다. 방주로의 도피 없이 지구에 발 디디고 살아가야 할 한 사람으로서 적어도 이 사실만은 잊지 않으려 한다. 우리가 인류 역사상 최악이라고 여겨온 인재를 언제든 갱신할 수도 있다는 것을. 그런 상상과 두려움마저 그만두는 순간 새로운 재앙은 필연이 된다는 것을.

○

이건 환경에의 뚜렷한 경각이나 책임 없이 살아온 나를 가리키는 고백이지만, 나머지 손가락으로 우리 모두를 아우르며 말하는 방백이기도 하다.

길 상 호

———————— Kil Sang-ho

충남 논산 출생. 2001년 《한국일보》로 등단. 시인협회 젊은시인상, 천상병 시상, 김종삼 문학상 등 다수 수상. 시집 《왔다갔다 두 개의》 외 다수, 산문집 《겨울 가고 나면 따뜻한 고양이》 외 1권.

못다 한 말*이
있어서

    그리다 만 그림을 찾았어요, 모델은 아직 의자에 앉아 있네요, 움직임을 참느라 화석이 되었네요, 스케치로 담은 당신의 발등, 피가 통하지 않는 시간을 지나 여기 왔네요, 뭔가 이야기가 있는 모양인데 입술은 데려오지 않았네요, 쭈뼛쭈뼛 눈치만 보는 명암으로 말 걸지 마세요, 여긴 거기를 몰라요, 난 색채 없는 대화를 잇기 싫어요, 화첩 모서리마다 걸어둔 옷들은 모두 말랐어요, 걷어가 다른 걸 걸쳐보세요, 오래된 발등은 한번 쓰다듬고 액자에 넣어 버려요, 이제라도 쉬게 해줘야죠, 우리의 계약은 오래전에 만료되었죠, 새로운 모델이 밖에 기다리네요,

---

* 2024년 9월 24일, 전에 그려둔 고양이 그림을 몇 점 찾았다, 검은 도화지도 함께.

잃어버린 감각

초등학교 학생의 손에서 쭈쭈바 봉지가 날아간다. 잠시 반대편 가로수 플라타너스 뿌리가 답답해하더니, 훌쩍 봉지는 다른 데로 향한다.

고교 남학생들이 우르르 몰려간다. 그중 하나가 뒤를 돌아보더니, 캭! 침을 뱉는다. 괭이풀 노란 꽃, 붉은 잎들이 가래침을 뒤집어쓰고 힘들어한다. 옆 보도블럭에는 이미 껍딱지가 새까맣게 붙어 있다.

유모차에 아기는 싱글벙글 웃으며 타고 있다. 유모차를 밀며 엄마는 바람을 느끼는지, 자유를 느끼는지 오른손 손가락을 펼친다. 아기가 칭얼대자 그 자리에 앉는다. 유모차 안의 아기 과자를 하나 까서 손에 감싸 쥐게 한다. 껍질은 바람과 함께 멀어진다. 아기의 생글거리는 웃음도 더는 느껴지지 않는다.

카페 창가에 앉는다. 앞에 지나다니는 사람들이 있고, 두 명이 밖의 탁자에 앉더니 담배를 꺼내놓는다. 강아지가 이팝나무에 영역표시를 하더니 다른 나무 쪽으로 갔다. 담배 연기가 바람에 휘고 펴진다. 둘은 경쟁이라도 하는지 담배꽁초를 멀리 튕긴다. 폭죽놀이를 하듯 불꽃이 빙글빙글 돌다가 바닥에 떨어진다. 그중 하나가 앞에 주차한 승용차에 미끄러진다. 꽁초의 주인은 급하게 승용차를 확인한 후 바닥의 불씨를 잠재운다. 콜록콜록, 이팝나무가 재채기를 하자 몇 장 안 남은 잎이 떨어진다.

몇 년 전 이런 광고가 나온 적이 있었다. 전기도 없는 오지에 백열등이 쪼로록 켜지더니, 흑인 아이들이 환하게 웃는, 저 불빛으로부터 또 다른 착취가 시작되는 건가 했다. 아이들의 삶에서 어둠이 제거되는 순간 이제 뜨끈뜨끈한 머리로 살게 되겠구나 싶었다. 빛이 퍼진 그 동그란 공간이 그렇게 절망스러울 수가 없었다.

모든 것의 원흉이 빛 속에 숨어있는 것 같았다. 처음으로 방이 환하게 밝아온 날, 웃고 떠드느라 어머니 아버지의 전기 아깝다는 그 진정한 의미를 몰랐다. 아버지는 밤에도 짚을 더 엮느라 시간 가는 줄 몰랐고, 어머니는 그을음 가득한 부엌 아궁이 앞에서 더 늦게까지 간식을 만들어내셔야 했다.

마루에 누우면 보이던 은하수가 사라져갔다. 후레쉬가 있어야 닿을 수 있는 옆 동네까지 가로등이 두 개 놓이며 나타난 결과이다. 처음에는 후레쉬가 없어도 된다고 얼마나 좋아하며 뛰기도 했던가? 개구리 울음이 멀어져가고, 풀벌레 울음도 사라져가고, 똥개 메리만 먼 가로등을 향해 빈 밥그릇처럼 짖을 뿐이었다.

기억 속에 가장 아름다운 장면이 있다. 눈이 마당을 구석구석 채운 1월이었다. 문지방을 바람이 넘나들던, 어느새 아궁이 불도 잠잠해진 새벽녘이었다. 오줌보가 화장실에 가야 한다는 의무감을 안겨 주었다. 그때만 해도 밖에 있는 화장실이 원망스러웠다. 문을 열었는데, 달이 떠서 집을 비추는데, 아니 달빛이 눈 위에 한 켜 쌓였는데, 감히 한 발자국도 남길 수 없어 처마 밑으로 지나던 게 언제더라? 보석으로 만들어진 집, 그 기억도 점점 멀리 달아나고 만다. 현실성이 너무 떨어지는 일이라고, 상상의 귀퉁이를 조금씩 지워간다.

《7개의 목소리》(그책, 2019) 페이지 몇 장을 이리 넘기고, 저리 넘기다가 북마크를 확인한다. 멍하게 유리창의 먼지를 통해 카페 앞 풍경을 바라본다. 먼지 속을 한 사람이 지나간다. 어쩌면 살아가는 일이 먼지 한 다발을 등에 지고 가는 게 아닌가 싶다. 하기야 하나의 목소리가 나올 수 없는 상황이고, 나의 먼지 같은 행동 하나가 작은 울림이라도 줄 수 있는지 알 수 없는 일이다. 그렇다고 해서 남들과 다를 바 없이 아무렇게나 행동해선 안 된다.

 커피 한 모금을 넘긴다. 웃음과 음악과 잡담 사이에 갇혀 단어들이 쪼르륵, 무릎을 꿇고 앉은 페이지를 또 한 장 넘긴다. 창밖으로 젊은 아가씨 하나가 춤을 춘다. 처음엔 뭔가 좋은 일이 있었나 보다 한다. 그러다 계속되는 춤사위가 심상치 않다. 주변 사람에게 듣기로는 머리에 살짝 이상이 있다고 한다. 그때야 그 행동이 이해가 간다.

 평소에는 이야기 소통에 별 문제가 없는데, 뭔가 하고 싶은 것을 못 할 때 그런 반응이 온단다. 그래도 춤을 출 때 그녀의 행동이 자유로워 보여 좋다고 해야 하나. 앞에 걸어둔 국기가 흔들려서 그녀는 더 보이지 않는다. 국기는 바람에 자유롭게 춤을 추는 것 같다가, 가끔은 내 뺨을 세차게 올려붙이는 것 같다가, 가끔은 조용히 선잠에 빠진 듯하다. 바람결의 느낌으로 움직임을 이어가는 중이다.

 몸의 많은 감각을 편리에게 내주고 잊어버린 듯하다. 몸속 어딘가에 숨어 있는데, 그 감각을 찾는 게 귀찮다. 어쩌면 바로 옆에 두고도 모르는 상태에 있는 지도 모르겠다. 거기에 잘못된 허세까지 합류해 있다. 담배 불꽃놀이를 해야 멋있어 보이고, 가래침을 적당히 뱉어 줘야 힘이 있어 보인다. 모두 자라면서 형성된 잘못된 습관들이다.

바람이 불어온다. 동해, 서해, 남해 바닷바람에 갈매기들의 날갯짓이 느껴진다. 그런데 갑자기 화약 냄새와 폭죽 소리가 파도와 겹친다. 모래 발자국마다 밤의 어둠을 몰아내는 폭죽 불빛이 담겨 있을 것 같다.

마지막 한 모금의 커피를 마신다. 그리고 책을 덮는다. 두 눈 충혈된 글자들이 어둠에 기대 쉬는 것 같아 마음이 놓인다. 한가롭게 바람은 맞은편으로 불어간다. 땅거미가 어느새 발아래까지 와 있다.

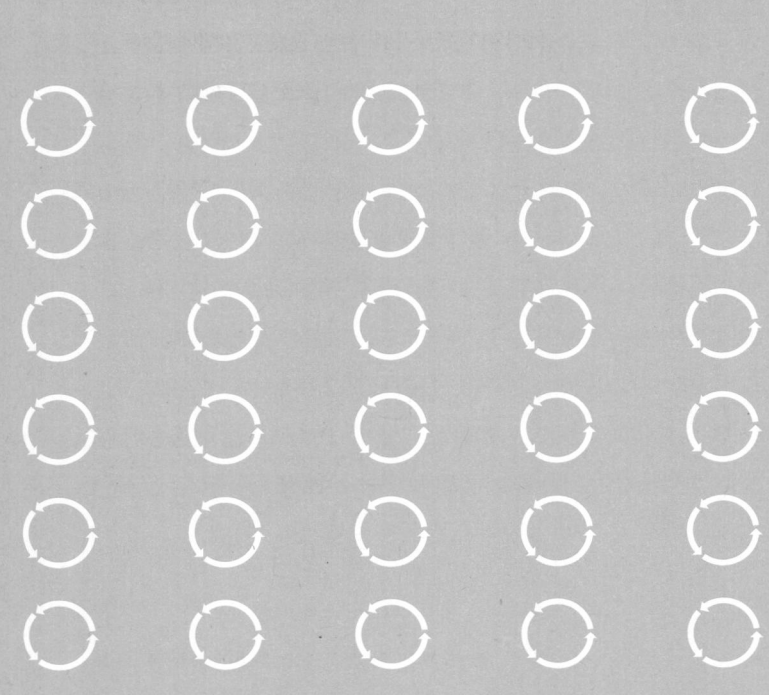

권 대 웅

———————— Kwon Dae-woong

1988년 《조선일보》 신춘문예 시부문 당선. 시집 《당나귀의 꿈》《조금 쓸쓸했던 생의 한때》《나는 누가 살다 간 여름일까》 산문집 《그리운 것은 모두 달에 있다》 등이 있다.

고래가
운다

지하철에서 고래가 울고 있다
대왕고래 향유고래 밍크고래 혹등고래
바다의 모든 고래들이 몰려와
구겨진 지하철에서 비명을 지르고 있다

입을 벌리자 우르르
낚시바늘에 입에 꿰인 생선들이 쏟아져 나온다
넙치 복어 삼치 가재미 고등어
눈과 입이 삐뚤어져 있다
나무젓가락에 목구멍이 찔려있고
옆구리에 유리병이 박혀있다

흐물흐물 죽어가는 오징어처럼
무기력하게 어두운 입구를 빠져나가는 고래들
희뿌연 물속 거리 수몰된 빌딩
찌그러진 경적과 노선이 적혀있지 않은 버스

슬픔과 환멸이 붉은 물감처럼 묻어 있다

몸을 비틀 때마다 고래 등줄기에서
수은 중금속 아황산가스들이 흘러 내린다
편의점의 참치와 마른 새우
통조림 된 살과 알에 절여진다

수족관 같은 엘리베이터에서 고래들이 울고 있다
눌러야 할 층수를 잊고 있다
심장혈관질환을 앓고 있다
미세 플라스틱을 너무 많이 먹었다
숨을 쉴 때마다 코와 입으로 검은 모래가 나온다

세상에 모든 고래들이 울고 있다
공장을 삼킨 고래
자동차와 빌딩을 먹은 고래

방사성과 카드뮴을 먹은 고래
폭염과 폭설을 먹은 고래

분노와 불안과 가득 찬 고래들이
수몰된 도시의 뱃속을 부유하며 절규하고 있다
내 눈이 내 얼굴을 보지 못하듯이
아무도 그 소리를 듣지 못하고 있다

89년 만의 폭염과 200년 만의 폭우와 117년 만의 폭설

 2024년에 벌어졌던 일이다. 아니, 사건이다. 200년 만에 한 번 내릴 법한 야행성 물 폭탄이 충청권과 남부지방을 중심으로 쏟아졌고 89년 만의 폭염은 9월에도 서울 경기도 강원도에 최고 기온이 37.6℃까지 올라간, 기상관측 이래 역사상 가장 더운 해였다. 어쩌면 2024년 한 해가 가장 시원하고 적게 비가 온 여름일지도 모른다.
 아시다시피 지구의 임계점은 1.5℃이다. 파리기후협정에서 정한 산업화 이전 대비 1.5℃. 더 이상 온도가 올라가면 지구가 위험하게 된다는 최소 상승 수치를 2024년에 넘긴 것이다. 홍수, 가뭄, 폭염, 산불이 발생하고 있는 상황이 바로 그 이유다. 우리 일상생활에서는 크게 느낄 수 없는 온도 차이지만 지구의 온도가 그만큼 상승한다는 것은 해안선 지역을 비롯한 도시 삶의 터전을 모두 쓸어버리는 홍수와 폭풍에 노출됐다는 것이다.
 2025년은 어떨까. 봄부터 산불로 시작됐다. 3월 중순 꽃들이 막 피어나려고 할 무렵 산청, 의성, 울산, 대구 등 전국 40곳 이상에서 동시다발적인 산불이 발생하며 하동의 900년 된 은행나무를 태우고 유네스코 세계유산인 안동 하회마을과 자연 생태계 보고인 지리산까지 위협하며 역대급 산불로 기록되고 있다. 지구의 온난화로 이슬이 사라지고 있다. 촉촉히 젖어 있어야 할 숲과 산들이 바싹 말라있는 것이다.

그리고 한번 들어오면 몸에서 나갈 수 없는 초미세먼지가 황사와 함께 불어닥쳤다. 잿빛 하늘을 뒤덮으며 날아오는 초미세먼지는 황산염, 질산염, 중금속이 주요 성분이다. 머리카락 굵기의 30분의 1로 코와 기관지에서 걸러 지지 않고 몸속으로 흡수되어 호흡기는 물론 심혈, 뇌와 신경계를 손상시키고 치매를 일으키고 여성의 난자에 들어가 태아에도 영향을 미친다.

앞으로 닥쳐올 기후변화는 얼마나 더 위협적일까. 그렇게 실존적 위험을 겪었고 직면했음에도 불구하고, 인간들은 미친 듯이 쓰고 버리며 산다. 스웨덴의 환경운동가 그레타 툰베리(Greta Thunberg, 2003.1.3~)는 말한다.

"사람들은 기후의 경고를 귀담아듣지 않는다. 왜냐하면 계속 지금처럼 살아가는 방법에만 관심이 있기 때문이다."

사람들은 지금 당장 잘 먹고, 입고, 시원하고, 따뜻하고, 편한 것에만 관심이 있지 지구에 대해 그 어떤 시간이나 여유, 경제를 투자할 뜻이 없는 것이다. 그럼에도 불구하고 사람들은 정치적으로 옳고 그름에 분개하고 사회나 공동체를 위한 상식과 도리에 목소리를 높인다.

고래는 살아있는 탄소저장고로 불린다. 대형 고래 한 마리당 평균 33t의 이산화탄소를 품고 있다고 한다. 이는 한 해 동안 나무 1,500그루가 흡수하는 이산화탄소량이란다. 고래 한 마리가 나무 1,500그루의 숲인 셈이다. 일억 년 이상 바다에서 진화해 온 바다거북의 성별은 모래사장에 산란한 알의 부화가 온도에 따라 결정되기 때문에 온도가 올라가면 암컷의 개수가 늘어난다. 세상 모든 거북이는 암컷만 존재하다가 사라지게 될 것이다. 지구온난화는 이들만의 멸망만이 아니다. 곤충, 식물을 넘어 식량 생태계를 포함한 모든 시스템에 위기가 오는 것이다.

해마다 열리는 속초 오징어 축제에 지구온난화로 오징어가 없다. 최근에는 전통 사과 산지인 경북 청송, 영주, 등지에서 사과가 익어갈 무렵 껍질이 가로로 터지는 이른바 '스마일 사과' 현상이 나타나 농민들이 앞으로 사과 농사를 해야 할지 걱정이다. 모두 한낮 기온이 35℃ 이상 올라가는 온도 상승이 주요 원인이다.

세계기후변화협의체(IPCC)는 임계점 1.5℃이후 10년 안에 지구의 존폐가 결정된다며 객관적이고 과학적인 데이터를 근거로 2050년 지구 최악의 시나리오를 보고했다. 어쩌면 그보다 더 빨리 지구멸망 아니 인류 멸망이 다가올지 모른다. 기후 위기를 조장하는 것이 아니라 실제로 매해가 거듭될수록 기후변화가 아닌 기후 위기를 나는 온몸으로 느낀다. 기후 비상사태다. 1.5℃를 되돌리는 방법은 무엇인가.

조금만 멈추면 된다. 코로나19 당시 중국 다음으로 확진자 수가 많은 이탈리아 정부가 전국 이동제한령을 내리면서 곤돌라, 소형 증기선 등 보트 통행이 줄어들자 베네치아 운하의 물이 맑아지기 시작하고 물고기, 심지어 돌고래도 오고갔다. 인도 역시 사회활동을 전면 금지하자 먼지에 가려져 보이지 않던 히말라야 설산이 나타났다.

이미 많은 사람이 미니멀라이프, 제로웨이스트를 실천하며 소비 패턴을 변화시키고 있다. 전기차, 대중교통, 채식, 친환경 제품 사용과 온실가스 배출 감축, 석탄 석유 사용 줄이기… 그러나 지금은 그것만으로는 안 된다. 1.5℃ 임계점이 더 지나 균형상태가 깨지면 지금과는 또다른 폭염, 폭우, 산불이 일어나 돌이킬 수 없는 상태가 올 것이기 때문이다.

우리에게 지금 가장 중요한 것은 무엇인가. 기업과 정부의 강화된 기후정책은 물론 환경에 대한 개인들의 '자각'이다. '대오각성'이 있어야만 한다. 정치, 경제, 사회보다 먼저가 환경이다. 한 나라의 위대함과 도덕적 진보는 바로 환경이고 그것이 선진국인 것이다. 그런 대통령, 정치인, 시민은 누구인가.

전국에 산불이 번지고 있는 봄날 광장에 나가 나는 그렇게 말했다.

"지렁이를 걱정하고 있어. 꿀벌들이 오지 않을 것을 염려하고 있어. 고래들이 울부짖는 소리가 들리는 것 같아."

흙의 터전에서 밀려나와 뜨거운 아스팔트에서 온몸을 꿈틀거리는 지렁이가 나는 걱정된다. 지구온난화로 우리나라에서 사라져 간 78억만 마리의 꿀벌들이 안타깝고 뱃속에 500그램의 폐비닐을 먹고 신음하고 있는 고래의 긴 울음소리가 노을 속에서 들리는 것 같아 아프다. 먹이를 구하러 간 엄마를 기다리는 아기 북극곰, 얼마 전 공주 금학생태공원 호수에서 봄 햇빛을 쬐던 너무 예쁜 수달 가족의 눈망울들이 걱정된다. 이 봄날 불에 탄 900년 된 은행나무, 그 불에 사라져간 생명체들이 슬프다. 그 주범이 인간이다.

총체적으로 인류의, 우리들의 숨통을 트이게 할 산소통은 무엇인가. 아주 먼 것 같으면서도 가까운 곳에서 들려오는 울음소리를 들을 수 있어야 한다. 1.5℃를 되돌리는 것. 그것들을 되살려내는 일. 아인슈타인의 말처럼 아주 작은 생명체부터 염려하고 연민을 느끼는 인류애가 우리를 진정한 인간이 되게 하기 때문이다.

창백한 지구를 위한 시

1판 1쇄 인쇄 2025년 6월 5일

글　　　　이문재 전동균 주창윤 정끝별 나희덕 문태준 장철문 손택수 이재훈 신혜정 이혜미
　　　　　신미나 김연덕 정다연 김창균 김남극 우은주 권현형 이동욱 조온윤 길상호 권대웅

발행인　　신혜경
발행처　　마음의숲

편집이사　권대웅
편집　　　조혜민
디자인　　박소희, 이윤교
마케팅　　오세미

출판등록　　2006년 8월 1일(2006 - 0001595호)
주소　　　　서울시 마포구 와우산로30길 36 마음의숲빌딩(창전동 6 - 32)
전화　　　　(02) 322-3164~5 | 팩스 (02) 322-3166
이메일　　　maumsup@naver.com
인스타그램　@maumsup
용지 월드페이퍼(주)　인쇄 · 제본 (주)상지사 P&B

ISBN　　　979-11-6285-171-5 (03810)

＊값은 뒤표지에 있습니다.
＊저자와 출판사의 허락 없이 내용의 전부 또는 일부를 인용, 발췌하는 것을 금합니다.
＊잘못 만들어진 책은 구입하신 곳에서 교환해드립니다.